濠上漫兴

——陈尚君读书随笔

陈尚君 著

中华书局

图书在版编目（CIP）数据

濠上漫与:陈尚君读书随笔/陈尚君著. —北京:中华书局,
2019.8
ISBN 978-7-101-13994-5

Ⅰ.濠… Ⅱ.陈… Ⅲ.中国历史-唐代-文集
Ⅳ.K242.07-53

中国版本图书馆 CIP 数据核字（2019）第 149507 号

书　　名	濠上漫与:陈尚君读书随笔
著　　者	陈尚君
责任编辑	郭时羽
出版发行	中华书局
	（北京市丰台区太平桥西里 38 号　100073）
	http://www.zhbc.com.cn
	E-mail:zhbc@zhbc.com.cn
印　　刷	北京市白帆印务有限公司
版　　次	2019 年 8 月北京第 1 版
	2019 年 8 月北京第 1 次印刷
规　　格	开本/880×1230 毫米　1/32
	印张 8¾　插页 12　字数 180 千字
印　　数	1-6000 册
国际书号	ISBN 978-7-101-13994-5
定　　价	42.00 元

本书作者在家中工作

2006年5月10日，在北京中华书局合影，
左起依次为陶敏、傅璇琮、陈尚君、徐俊

用最艱苦的方法追求
學識，從最堅決的方
向認識人生。

東園

1947年朱东润先生为三子朱君道中学毕业题词（泰州朱东润故居存）

1999年程千帆先生书赠本书作者对联

目　录

濠上的风景(代序)

施宣圆先生代《文汇读书周报》约我开一读书随笔之专栏,虽知才力不逮,又因于俗事,但前辈雅意,不能峻拒,只能承允,黾勉为之吧。嘱要有一总题,乃颜曰"濠上漫与"。"漫与"二字出杜甫《江上值水如海势聊短述》:"老去诗篇浑漫与。"不敢望诗圣之项背,但倏忽年已六五,也该可随意了。"濠上"则含两层意思。

濠上典出《庄子·秋水》,说庄周与惠施游于濠梁之上,见游鱼从容,庄周感叹:"是鱼之乐也。"惠施责问:"子非鱼,安知鱼之乐?"是说非同物类即不能相知。庄周答:"子非我,安知我不知鱼之乐?"彼此辩诘,循惠施逻辑而反将一军。惠施认真起来了:"我非子,固不知子矣;子固非鱼也,子之不知鱼之乐,全矣。"以为可以大获全胜了。庄周的回答很高明,说你问我"安知鱼之乐",明白已经了解我知道鱼乐,反过来质问我怎么知道的,我明白告诉你:"我知之濠上也。"几乎是脑筋急转弯的妙解,将惠施之苛究全部化解。当然这只是寓言,《庄子》里所有惠施出现的场合,都是从世俗立场申论以衬现庄周之超凡出世。这段故事最有名,也引出许多典故,鱼乐表达世俗不了解的欣快,最适合读书治学者之自得其乐;濠上更具学问得悟之妙境,或者探究是非虽难得确解仍精进不已的姿态,当然也属无师自通的别称。我自得于濠上,君其问诸水滨,能说清楚的都不算。

另一层意思则与我的经历有关。先世居浙江慈溪,自祖辈迁居上海。至1940年代初,先外祖为制作金银首饰之名匠,因避难,从上海裘天宝银楼,转而供职于南通老天宝银楼,家父则因学生意而北渡,为银楼账房,得与先母结缡,定居南通。南通建城在宋以后,今存记录最早仅可追溯到五代后周,为长江入海口冲积而成。明清称通州,与京畿通州同名,因而有"南北通州通南北"之妙联。旧城一水环绕,仅有三门,北路不通,又有"南通北不通"之谚。环城之壕河,不知何时起命名濠河,当出文人之雅兴,坐实庄子事。

我出生于南通,早年懵懂,家亦无读书人,更谈不上对此环城清流之印象。所能忆者,因家境清寒,家用艰困,大约每月有三四次随先母将整桶之衣物,抬到濠河边洗濯。其地两边皆为军舍,辟一专路到河边,有水桥架出,便利市民。那时自来水不普及,亦无保洁水源意识,家家都以河流为污池，久亦无大害。我则睹沧浪而无感，近自然而茫昧，可能会带一本小书翻阅，以等待母亲完成洗濯，绝对没有其他的联想。

其后当知青务农，到上海读书，离家倏近五十年，而父母所居则先城南，再城东，复城北，环濠河转了个遍。某年冬日回家，见父母在北濠桥头舒服曝闲，油然感到这个城市、这条河，给予我家这样普通人家之养育之恩。后来读《万历通州志》，方发现我从小居住的仓巷，明代就有了，上小学每天都要路过的丁古角，也是如此，而邻近的大保家巷、小保家巷，更是元以后随蒙古人南来的保家聚居地，保家也渐次成为当地的文化世家。我的初小语文老师保韵新，应即出自这一支。小学二年级第一次看线装本《水浒》，就是向保老师借的。近代以来，清末状元张謇在南通兴实业，办学校，中国最早的博物院、最早的师范学校，都在南通建立。最早知道张氏，是在"文革"间跟随打倒张謇的队伍后奔跑。当仅有完整小学学历的我，在入大学一年后又破格录取研究生，且逐渐能在学术上有所业绩，有一个问题始终困惑着我：我全无家学承续，在八年艰难务农后，入大学前几乎没有接触过文科大学生，但仅一年，就被老师认定水平不亚于"文革"前大学生而推荐考研，并顺利晋级。我现在能回忆起来的，在"文革"初起时,大约有一二年时间,坚持每天读完全城的大字报(城市不大)。在农场极其艰苦的劳动环境中,受南通中学一群高中生的"裹挟",得缘读到各种类型的文史书。"文革"后期,曾购读过各种文史书籍和报刊。到复旦一年,也倾力读书。就算是喜欢吧,但居然瞎碰乱撞地上了道。自己的事都说不清楚,还谈什么理解古人? 近年忽然理出了头绪,即自清季以来,张謇之兴学重教,整体提升了南通的文化学术品位,而南通之偏安一隅,从无重大战事,更滋育了当地的文化气韵。普通如我,陆续接触的小学教员、中学高才,乃至左邻右舍,家长里短,不自觉地将这些文化积累,春风化物般地传递给我。濠上,对我有特别的意义。

今后所写,以读书述感为主。但因我的专攻只在有唐一代,若经常写唐而使人厌烦,或游心唐外而误失诖漏,均请谅宥。

独孤三姐妹

今人喜谈宋氏三姐妹,历史上可以比况者,有周、隋之际的独孤三姐妹。

近代西安曾出土一方墓志,题作《周故柱国大将军雍州刺史河内戾公墓志》,内容仅百余字:"曾祖有居斤,曾祖母贺兰氏。祖初豆伐,祖母达奚氏。父者,使持节司空公冀州刺史,母费连氏,长乐郡君。公姓独孤,讳信,字期弥头,河南洛阳人。以周之元年岁维星纪三月己酉薨于长安,时年五十四,谥曰戾。四月壬申,葬于石安之北原。惧陵谷之贸迁,故刊石而志焉。妻如罗氏,广阳郡君。长息善,字弩引,使持节骠骑大将军、开府仪同三司、河州刺史、长城郡开国公;第二息藏,字拔臣,武平县开国公;第三息震,字毗贺周。"志主独孤信(503—557),《周书》《北史》皆有传,是北魏末年武川镇的核心军帅,随贺拔岳入关,佐宇文泰建立西魏政权,功勋卓著。但在宇文泰去世,宇文护掌权并建立西周之初,被逼自尽。墓志立于此后不久,因获罪而至为简单,仅述家族世系及男性子嗣。难以想象的是,他的三个女儿分别成为周、隋、唐三代之皇后(唐为追封),事实上影响了历史的进程。

信长女，早年嫁宇文泰长子宇文毓。北周建立，初立泰第三子节闵帝宇文觉，权归泰侄宇文护。节闵帝性刚烈，不满护之专权，仅在位数月即为护所弑。毓即位，史称明帝。次年春初立独孤氏为后，仅三月就去世，史称明敬皇后。《周书》对她仅有53字的传，性情行事无任何记录。明帝因食遇毒，两年后亦卒。继位的武帝宇文邕，与擅权的宇文护周旋十二年，方将其击杀，独孤信也方得平反。

信第七女伽罗(553—602)，十四岁嫁给后来称为隋文帝的杨坚，史称文献皇后。《隋书》本传说独孤信见杨坚"有奇表，故以后嫁之"，此话靠不住。伽罗生五岁其父已死，她出嫁已在武帝时。可能因为家难，再加幼女骄横，方嫁即与杨坚约定，"誓无异生之子"，即不允许丈夫纳妾，不得让别的女人为他生子。她的这一主张贯彻始终，虽然隋文称帝后稍有放宽，但仍督促严切。好在她还真争气，先后为文帝生五子。对她的儿子们，她也如此要求，并在国事家事中始终保留重要的话语权。隋炀帝在成长的年代，摊上这么一位具有强烈女权主张的老妈，实在不敢胡来。越雷池一步，妈都看着，还要不要前途？

杨坚自称出身弘农杨氏，今人认为其父祖四世皆为武川镇将，在西魏、北周建立过程中地位上升。他27岁袭父爵，周武帝时因外戚之故，"贵戚之盛，莫与为比"。他的才干，据说引起武帝的警惕，几次欲将其清除，但为他机智躲过。武帝英年早逝，继位者是武帝长子，也是杨坚女婿的宇文赟，世称宣帝。杨坚遽升国舅,权势更大,偏偏这位宣帝是个草包,感觉到岳丈的权势,却对他的太太,也就是杨坚的女儿说要将其父除掉。几番折腾,被除掉的是宣帝。继位的静帝年方七岁,国政完全为杨坚掌控。仅历年余,将反抗的五王与名臣尉迟迥等镇压,杨坚受禅建隋。杨坚文不能草檄,武未曾靖边,全靠太太与女儿的双重外戚身份,改朝换代,为中国史上所罕见。

独孤信第四女嫁李昞,其生平经历仍有许多可疑之处。唐初修周、隋诸史,不为李虎、李昞父子修传,则因其入唐追封景帝、元帝,已非人臣;唐史也记载不详。目前能够看到二人较详事迹记载见《册府元龟》卷一。李虎部分较详,据说他是北周八柱国之一,所立军功则很有限。李昞事迹如下:"世祖性至孝,沉深有识量。少为周文帝所礼,在位十七年,封汝阳县伯,食邑五百户。寻拜抚军大将军、大都督、通直散骑常侍,俄转车骑大将军,袭封陇西公,迁骠骑大将军、开府仪同三司、侍中。周受禅,袭封唐国公,拜御中正大夫,历鄘州刺史、安州总管,为政简静,甚获当时之誉。寻迁柱国、大将军,赠少保、同华等八州刺史。"其中颇可疑。如同书称李渊"七岁袭唐国公",时在周武帝建德元年(572)。父死方由子袭爵,那么李昞是否入隋都成了问题。庾信、王褒等居北周甚久,交往亦广,但看不到与李家过往的记录。佛典亦如是,故易生疑窦。近人颇疑李唐先世,原因在此。

《旧唐书·高祖纪》云:"文帝独孤皇后,即高祖从母也,由是特见亲爱。"李渊在隋,虽然没有大的动作,但托庇外族,仕途顺利。他比隋炀帝年长三岁,炀帝初,为荥阳、楼烦二郡太守,入为殿内少监,出守既不远,居朝为闲司。炀帝兴兵辽东,李渊以卫尉少卿督运粮草,保证后勤。虽然《旧唐书》说李渊"历试中外,素树恩德","结纳豪杰,众多款附",炀帝甚至有过怀疑:"会有诏征高祖诣行在所,遇疾未谒。时甥王氏在后宫,帝问曰:'汝舅何迟?'王氏以疾对,帝曰:'可得死否?'高祖闻之益惧,因纵酒沉湎,纳贿以混其迹焉。"大体是唐代修史者的编造。在大业末全国民变,四海逐鹿之际,炀帝将太原留守的重任交给他可以信任的表兄——他一直那么任劳任怨,也从来没有大的野心,又是近亲,足可信任。太原素有北门锁钥之誉,北可接突厥,南可图京洛,且有备边的重兵在。这次炀帝真是看走眼了,这位朴厚的表兄有颗大心脏,再加他还有三位如狼似虎的儿子。于是静观世变,举义旗直取关中,成为隋末大乱的最终胜利者。

李渊的母亲,李渊称帝后被尊为元贞皇后。其婚嫁始末、生卒享年、行事禀赋,皆不得其详。

古代的历史大多是男人的舞台,女子之作用有时却也不可低估。独孤三姐妹行迹有隐有显,其作用如此之大,诚不可思议。友人宋德喜教授专治隋唐史,名片上缀一独孤信印痕,以其一家系三朝之兴替,诚为有识。

扬州几曾有迷楼

　　1985年夏再到扬州，住扬州宾馆，入门见有巨大黑漆壁画，画仙人骑鹤飘逸状，旁书"腰缠十万贯，骑鹤下扬州"，不禁哑然失笑。主人复引导参观蜀冈唐城遗址，然最突出部分则介绍迷楼，在以史为鉴借口下引导参观者想入非非。多年不去，不知一切有以变化否？

　　有隋仅二帝而亡国，唐初以史为鉴，多揭隋炀阴事，自属可以想象。流风所及，《隋书》既不尽实录，民间想象更属丰富。大约晚唐至宋初，出现《隋遗录》（又名《南部烟花记》《大业拾遗记》）、《开河记》等一批小说，隋炀形象更加不堪。《迷楼记》的出现大约还要晚一些，说"炀帝晚年尤深迷女色"，见宫殿壮丽，更思要有"曲房小室，幽轩短槛"，以尽享男女之欢。近侍奏浙人项升有奇艺，能构宫室，于是"役夫数万，经岁而成"。炀帝大悦，"诏选后宫良家女数千，以居楼中，每一幸有经月而不出"。臣下更进御童女车之类奇技，炀帝益发着迷，于是终日荒淫，终于亡国。以后《隋炀帝艳史》一类淫书更乐此不疲地加以渲染，终于完成文学史上最荒淫败国的君王形塑。

　　然而史家对此不能无疑。炀帝母独孤皇后是古代最著名

5

的妒妇，用现代话语来说，是一夫一妻制的坚定倡导者，不仅以此严格要求夫君，更严格要求诸子，故隋炀帝在谋冢嗣过程中绝不敢有所放肆。他继位时母亲已经薨逝，但勤于搜罗他罪状的唐初史臣最多仅找到他在父亲晚年私通父妾宣华夫人的传闻，连他后宫有多少嫔妃都缺乏记录，至少他的造人记录远逊于他的姨侄唐太宗。当然，宫闱事秘，记载欠缺不等于没有做坏事。

那么，迷楼传说是如何形成的呢？从现有文献分析，最早记载始于隋亡后一个半世纪。中唐记载有三条。贞元间诗人包何《同诸公寻李方真不遇》云："闻说到扬州，吹箫有旧游。人来多不见，莫是上迷楼。"寻访友人不见，开玩笑说可是到迷楼开荤了，知道这时已经形成固定的传说。此为贞元间诗。后白居易在《新乐府·隋堤柳》云："南幸江都恣佚游，应将此柳系龙舟。紫髯郎将护锦缆，青娥御史直迷楼。海内财力此时竭，舟中歌笑何日休？"李绅《宿扬州》："今日市朝风俗变，不须开口问迷楼。"此为元和间诗。许浑《汴河亭》云："四海义师归有道，迷楼还似景阳楼。"此为大中前后诗。更晚的罗隐《谗书》卷五《迷楼赋》，可以说将百年来的传说作了进一步的落实，说他在咸通五年(864)下第后，亲访迷楼，但见故都"乔木拱立"，遂判断"迷楼而在斯"，并想象此楼"楩楠沉檀，栋梁杞梓"，不通内外，"朝奏于此，寝食于此"，"君王欲左，右有粉黛"，"君王欲右，左有郑卫"，最后判断"炀帝非迷于楼，而人迷炀帝于此"。此后的《迷楼记》,更加恣意发挥。

但是如果追溯到隋末唐初文献,则可以举出坚强之反证。隋末李密起兵,让祖君彦起草文书,历数隋炀十大罪恶,"罄南山之竹,书罪未穷;决东海之波,流恶难尽",为一时传颂。所举十罪:其一为"先皇大渐,侍疾禁中,遂为枭獍,便行鸩毒",即杀父而夺位;其二为"公卿宣淫,无复纲纪";其三为荒湎糟丘,"广召良家,充选宫掖,潜为九市,亲驾四驴,自比商人";其四为"广立池台,多营宫观",耗尽民力,"罄天下之资财";其五为"头会箕敛,逆折十年之租;杼轴其空,日损千金之费",即穷征赋税,使民间凋敝;其六东征西讨,使"尸骸蔽野,血流成河";其七为"恃众怙力,强兵黩武"以征辽东;其八为"愎谏违卜,蠹贤嫉能,直士正人,皆由屠害";其九为"政以贿成","小人在位",皆言用人不当;其十则云赏罚不公,勋爵无序。这些大多为出于宣传目的的过激言辞,可说将当时知道的罪恶网罗无遗,但并没有提到扬州的迷楼。

司马光修《资治通鉴》,对文献真伪斟酌极其严肃。他在叙述隋炀一朝政治举措和运河及扬州兴建时,主要采据《隋书》和唐初史籍《隋季革命记》《河洛记》《大业杂记》《大业略记》等,都是唐初五十年以内的著作。其中开掘运河以通龙舟,在扬州兴建以广行宫,主要参据前举后二书,其中虽多文学描写,但细节也颇见认真。二书作者杜宝、赵毅皆贞观间人,所述大抵可信,其中都没有提到迷楼。

隋炀帝身败国亡，当然有重大罪责。但他的罪错主要是对不起他的父亲，没有守住江山。任何王朝的兴亡都是一家一姓的事，本不值得大惊小怪；但史官与百姓似乎都不这样看，硬要整出一些教训来。史官说的是道理，百姓愿听的是故事。既然亡国了，首先想到的当然是庸堕腐败，如隋炀帝整日淫乱，不理国事，终至败亡，是任何人都能听懂的，但距事实恐怕很远。隋的真相是：南北统一后，隋文帝时国力大增，因而开始营造大兴城等伟大工程。隋炀帝雄才大略，开拓创造之理想较其父更甚。北讨突厥，东征高丽，开掘运河，建设京洛，玩得太大了，重劳民力，最后玩崩了，于是交出生命以还债。他倾力建设，最终亡国，他那位阿姨的孙子，后世称为唐太宗的那位，乐得坐享其成，与民休息，达成贞观之治的伟业。"苦恨年年压金线，为他人作嫁衣裳。"(秦韬玉《贫女》)炀帝确是位悲剧的英雄。

扬州的行宫是有的，运河行龙舟也是事实。原因则一是要解决关中的挽粟问题，运河是隋唐两代的经济命脉；二是炀帝出身北方，十三岁出镇江南，能讲吴语，太太萧皇后更出自后梁萧家，有强烈的南方情怀，于是在扬州住久了些。因为你玩崩了，是非就只能由别人来编排了，活该！

唐太宗的另一面

唐太宗是伟大的英明君主,虽然袭杀兄弟夺位的过程不太光彩,但秉政后励精图治,虚心纳谏,征服四裔,国力强盛,贞观之治成为后世理想社会的代名词。

即便这样的英明君主,也有极其荒唐几乎败政的另一面。请允许我摘录一段稍微有些冗长的历史原始记录:

[贞观]十七年(643)四月乙酉,废太子承乾为庶人。丙戌,诏曰:"(略)可立治为皇太子,所司备礼册命。"甲午,临轩,授皇太子册。己亥,御两仪殿,皇太子侍侧,陈孝德以戒之,谓侍臣曰:"朕御天下十有七载,遂得太子一诣寝门,知子唯父,义已体之。然初立以长,不能废弃,今者丧败,其自取之矣。"初,承乾之将废也,魏王泰日入奉侍,太宗面许立为太子。因谓侍臣曰:"泰昨入见,自投我怀中,云:'臣今日始得与陛下为子,更生之日也。臣有一孽子,臣百年之后,当为陛下杀之,传国晋王。'父子之道,故当天性,我见其如此,甚怜之。"褚遂良进曰:"陛下大失言,伏愿审思,无令错误也。安有陛下百年之后,魏王持国执柄,为

天下之主,而能杀其爱子,传国于晋王者乎!陛下日者立承乾为太子,而复宠爱魏王,礼数有逾于承乾者,良由嫡庶不分,所以至此。殷监不远,足为龟镜。陛下今日既立魏王泰,伏愿陛下别安置晋王,始得安全耳。"太宗涕泗交下,曰:"我不能。"因起入内。太宗以晋王仁孝,心所钟爱。又以太原瑞石文云"李治万吉",意以为嗣,而未发言。泰任数知太宗爱晋王,因谓之曰:"汝善于元昌,今败,得无于忧色。"晋王忧之,见于颜色。太宗怪而屡问,方言其故。太宗慨然有悔立泰之言矣。是日,太宗御两仪殿,群官尽出,诏留司徒长孙无忌、司空房玄龄、兵部尚书李世勣、谏议大夫褚遂良,谓曰:"我三子一弟,所为如此,我心无聊。"因自投于床,引佩刀。无忌等争趋抱持太宗,手中争取佩刀以授晋王,无忌等请太宗所欲。曰:"我欲立晋王。"无忌曰:"谨奉诏。有异议者,臣请斩之。"太宗谓晋王曰:"汝舅许汝也,宜拜谢。"晋王因下拜。太宗谓无忌等:"既符我意,未知物论何如?"无忌等又曰:"晋王仁孝,天下属心久矣。伏乞召问百僚,必无异辞,若不手舞同音,臣负陛下万死。"妃嫔列于纱窗内,倾耳者数百人,闻帝与无忌等立晋王议定,一时喊叫,响振宫掖。太宗于是御太极殿,召文武六品以上曰:"承乾悖逆,泰亦败类,朕所观之,皆不可立。欲选诸子尤仁孝者,立为冢嗣,尔其为朕明言。"众咸言:'晋王忠孝仁爱,文德皇后之子,立为储君,无所与让。'皆腾跃欢

叫,不可禁止。太宗见众情所与,颜色甚悦。是日,泰从百
馀骑至永安门,诏门司尽辟其骑,令引泰于肃章门入,出,
去玄武门,幽于北苑。

这段记录见于《册府元龟》卷二五七,虽是宋人编纂的类
书,但文本来源可以确认是今已失传的《太宗实录》。两《唐
书》、《资治通鉴》也载,不及此详。

太宗即位后广纳嫔妃,生子众多,但能继嗣者只有长孙皇
后所生三子,即长子太子承乾、四子魏王泰、九子晋王治。承乾
在太宗即位后两月即立为太子,并无失德。泰封魏王,好文学,
太宗为开文学馆,泰也急于表现,乃约请文士编成 550 卷的地
理总志《括地志》。太宗常夸奖魏王,魏王更拉拢亲信,有夺嫡
之谋。太子感到危险,内心忧惧,于是通过东宫属官,联络拥有
军功的宰相侯君集等,为自己声援,以求稳固嗣君之位。在长
孙皇后、魏征等关键人物去世后,矛盾激化,太子失败,因而出
现前引文开始的一段。

太子败,魏王认为嗣位非他莫属,更恃宠撒娇。"自投我怀
中",他书还有吮乳的记载,魏王此时至少 24 岁,公开如此,据
说是北族遗风。太宗经历了武德间的兄弟之争,最后喋血解
决,并没有接受教训,过分表达对魏王的喜爱,甚至轻言夺嫡,
终于酿成承乾的失败。对魏王的谎言,太宗也缺乏判断能力,
真相信魏王继任后会善待乃弟,甚至要杀子传弟云云。在关键

时刻,他身边名臣敢于直谏,及时提醒,改变了太宗的预案。

晋王治世称仁孝朴厚,但他的身边显然有高人指点,并得到国舅长孙无忌的支持。既有人编造太原瑞石文之谶言,又在与魏王争夺父亲信任时,以忧形于色,屡问方告,得到肯定。即便如此,太宗仍不愿放弃魏王,既涕泗交下,痛心疾首,又引刀欲自尽。所谓"我三子一弟,所为如此,我心无聊",一弟指汉王元昌,也卷入逆谋。称三子,知晋王也有错失,但史无记载。对自己处事不当,引致家庭惨剧,全无自省。晋王确立为太子的过程,虽有他的表态,但又显然被内外诸臣所挟持,所欺瞒。专制时代,每每如此,太宗也不能例外。

在作出如此重大决策的时刻,更有趣的一幕是:"妃嫔列于纱窗内,倾耳者数百人,闻帝与无忌等立晋王议定,一时喊叫,响振宫掖。"几乎是后宫全程直播,数百人围观,太宗后宫之无序,于此可见。在他弥留之前,才人武氏即私结太子,也不难想见。

废太子承乾碑,已经在昭陵出土,知其当年即被处死。魏王当天被囚禁,后迁居均州郧乡,即今湖北十堰一带,潦倒以终,其后人墓志陆续有出土。晋王即位后称高宗,溺爱武氏,贬逐拥立自己的诸臣,他身殁唐也就亡了,武后建立了大周王朝。若不是女主无法解决继承问题,加上五王恢复唐统,玄宗以两次政变重建山河,太宗几乎触动了大唐覆亡的机窍。明君也有犯浑的时候,此一例也。

殷颜世婚与文化传承

　　两个文化家族，维持了两百多年六代人的交替婚姻，今人很难想象，甚或认为违反科学，会造成人种退化甚至痴呆。然而中古时期真的发生过，且因此造就了伟大的书法家和文学家颜真卿。

　　殷、颜两家，汉魏为山东名族，东晋时南渡，门风融南北之长。南朝梁、陈间，颜之推遇乱归北，历仕北齐、北周、隋，所著《颜氏家训》叙南北文化之差异，最负盛名。其后人有名的是颜师古、颜元孙、颜真卿，多以学术名家。殷不害仕陈，工书画，后人有名者则有殷令名、殷仲容、殷亮等，前二人为唐前期一流书家。

　　颜之推《颜氏家训·后娶》："思鲁等从舅殷外臣，博达之士也。"思鲁为之推子，据此知之推妻即殷氏。外臣，梁武帝太清元年(547)任行台选郎，见《陈书》卷一《武帝纪》，是颜、殷之婚至晚始于梁代。

　　西安碑林藏颜真卿撰《颜勤礼碑》云："父讳思鲁……娶御正中大夫殷英童女，《英童集》呼颜郎是也。"是父子皆娶殷女为妻。殷英童为殷不害子，仕北周为御正大夫、麟趾殿学士，入隋为益州晋熙郡守。《历代名画记》卷八称"殷英童善画,兼楷隶",但未有作品存留。

《颜勤礼碑》云:"先夫人陈郡殷氏洎柳夫人。"勤礼为真卿曾祖,至此已三世以殷氏为妻。

颜真卿《颜公大宗碑》云:"昭甫字周卿,少聪颖,而善工篆、隶、草书,与内弟殷仲容齐名,而劲利过之,特为伯父师古所赏。凡所注释,必令参定焉。"昭甫为真卿祖,至此则四世皆娶殷氏为妻。昭甫妻为殷令名女,殷仲容姊。《元和姓纂》卷四云令名为不害兄弟不占曾孙,他书又云为不害后,估计其间有过嗣关系。

颜真卿《殷践猷墓碣》云:"长妹兰陵郡太夫人,真卿先妣也。"是其父颜惟贞仍娶殷氏为妻,即真卿之母。其人为殷子敬女,殷践猷妹。子敬为殷令名弟令言子,于真卿为外祖。

此外,颜师古女颜顼(635—681),嫁殷令名子殷仲容(633—703),详见《考古与文物》2007 年 5 期刘呆运、李明等撰《唐殷仲容夫妇墓发掘简报》。颜昭甫之季女,即颜真卿之季姑颜真定,则嫁殷令德孙殷履直为妻,而其女复嫁颜真卿长兄颜阙疑为妻。真卿六兄颜幼舆则娶殷践猷女为妻。以上所述,已经涉及二百多年间六代人之九次联姻,这些还仅是依靠颜真卿文集为主而保存下来的记录,实际的情况应该比这还要丰富得多。

就前文所考,颜、殷缔婚最晚开始于梁代,其后殷英童仕北周,颜之推归北齐,殷不害兄弟仕陈。南北隔绝并没有中断两族之世好,至隋、唐一统,当然更有接续之必要。从历史渊源来说,这两族都属于北方世家而入南侨居者,其家族传统兼有南北文化延续之优长。唐柳芳《氏族论》(《新唐书》卷一九九引)说到汉魏旧族之文化趋向时,有"山东之人质,故尚婚娅","江左之人文,故尚人物"之评论。颜、殷两族秉承山东旧族之传统,沾溉江左士风之浸染,门第、家风、姻娅均有可称者,且留下许多相互携持扶助的佳话。

殷氏世工书画,自殷不害以下,代有美誉,而唐初殷令名、殷仲容父子尤称擅场。令名有《益州长史裴镜民碑》,赵明诚《金石录》卷二三以为"笔法精妙,不减欧、虞,惜不多见"。康有为《广艺舟双楫》卷三以为"吾最爱殷令名书《裴镜民碑》,血肉丰泽,《马周》《褚亮》二碑次之矣"。卷六云:"方润整朗者,当以《裴镜民碑》为第一,是碑笔兼方圆,体极匀整。"其后颜真卿所走正是此一路数。高宗、武后间,殷仲容之书尤负盛名。窦臮《述书赋》卷下谓其"奕世工书,尤善书额","皆精妙旷古"。宋人得见者尚有十余碑,存世则以《马周碑》和《昭陵六骏赞》著名。颜真卿虽未及见殷仲容,但其父祖辈多蒙其照拂并传笔法。颜真卿《颜氏家庙碑》云其祖父颜昭甫:"幼而颖悟,尤明诂训。工篆、籀、草、隶书,与内弟殷仲容齐名,而劲利过之,特为伯父师古所赏重,每有著述,必令参定。"昭甫书迹不存,时人亦无类似评价,恐不免过誉,但与仲容常有研习,当可相信。真卿

15

乾元元年(758)四月《谢赠祖官表》:"臣亡父故薛王友先臣惟贞,亡伯故濠州刺史先臣元孙等,并襁褓苴麻,孩提未识,养于舅氏殷仲容,以至成立。"《颜元孙神道碑》云:"少孤,养于舅殷仲容家,身长六尺二寸,聪锐绝伦,工词赋章奏,有史才,明吏事。"《颜氏家庙碑》云其父惟贞:"君仁孝友悌,少孤,育舅殷仲容氏,蒙教笔法。家贫无纸笔,与兄以黄土扫壁木石,画而习之,故特以草、隶擅名。"可知颜元孙、颜惟贞皆蒙殷氏养育并"蒙教笔法"。颜真卿出生仅四岁,父即因伤恸伯姊而去世。《殷践猷墓碣》云:"长妹兰陵郡太夫人,真卿先妣也,中年孀孥,遗孤十人,未能自振。君悉心训奖,皆究恩意,故能长而有立。"可以相信颜真卿的早年生活和教育都是在舅家度过,得到殷家许多关照,包括他早年习书的经历。

近年出土《殷亮墓志》,保存颜真卿内侄殷亮的详细生平。叙述安史乱起,颜杲卿、颜真卿二人守官有责,分别举义,殷家似乎分担了照顾颜氏眷属之责任。乱平,颜真卿为死难者请恤,颜氏子孙死难离散者十余人,但没有提及殷家人物。墓志说叛军也为殷、颜族人之孝行感动,殷家历劫而得平安无恙。从殷亮本人经历看,他在仕途上多蒙颜真卿提携。真卿获命为荆南节度使,未成行即约殷亮为从事。贬官江西,殷亮一直陪侍左右。颜杲卿、颜真卿先后殉国,殷亮为颜杲卿撰写传记,又撰《颜鲁公行状》,记录二人之浩然正气和生平事业,留下两家世代姻亲之不朽佳话。

本文据今人朱关田《颜真卿年谱》(西泠印社2008年)和拙文《殷亮墓志考镜》(台湾东吴大学2014年4月中国文献学研讨会论文)写成,谨此说明。

重读李林甫

中国古代史学,虽说有实录的传统,但更重要的是为后世树立道德典范,忠奸分明,褒贬严格,忠则一切都好,奸则万般皆恶,然则真相如何,就在其次了。多年前读崔瑞德主编《剑桥中国隋唐史》,认为张九龄虽保持儒家之道德原则,但任相期间建树甚少,而他的对立面,在中国史籍中作为反面典型之李林甫,则重视制度建设,秉政期间建树尤多,是盛唐时期重要的领袖人物,很感新奇。近年丁俊博士《李林甫研究》(凤凰出版社2014年)出版,用50多万字的篇幅还原李林甫真实的一生,读来觉得兴味无穷。

唐初限制宗室入相,但在武后夺位并大力诛除李唐宗室后,复辟之唐廷放宽了宗室进入中枢的途径。李林甫出身于宗室旁支,离皇位很远。他以荫入仕,一步一个脚印地历任朝廷的各个职能部门,在繁剧的刑部侍郎、吏部侍郎任上,显示出才干,于开元二十二年(734)五月入相,时年约五十五岁。两年半后首辅张九龄被罢,林甫以兼中书令接位,此后直到天宝十一载(752)仲冬去世,在相位凡十八年半,居首辅长达十六年,在有唐一代,均数第一。这时又是唐朝最鼎盛的时期,一个奸相能有这样的成就吗？但史书上就是这样写的。《旧唐书》说他"性沉密，城府深阻"，因而留下口蜜腹剑的成语。又说他"以诏佞进身，位极台辅，不惧盈满，蔽主聪明"，又说他以"巧言令色，先意承旨，财利诱之"而使玄宗迷惑，最终玄宗也因"幸林甫、国忠而乱"。今人都知道杨国忠因贵妃懿亲而入相，更以清算李林甫而固权，史臣虽看到"及国忠诬构，天下以为冤"，但仍将二人放在一起否定。

史官记载陪衬李林甫的正面人物是张九龄，丁俊分析他任相期间建树不多，去相的重要原因一是处理边事的挫败，二是在太子存废态度上与玄宗对立，三是对牛仙客入相的反对。李林甫赞同玄宗的选择，事实上与张九龄对立，根本的决定权则在玄宗。

从玄宗即位以后，最重要的举措是建立制度，动有规矩；关注吏治，重用循吏；加强边备，设十节度以御边；削弱后宫，杜绝女官干政。除最后一条晚年完全昏聩而放弃，其他几条都贯彻始终。李林甫长期执政而能得玄宗信任，与此有重大关系。丁俊列举大量事实，说明李林甫任相时期推行一系列财政节流措施，包括机构改革、赋税折纳、土贡改革，以及兵制改革、法制改革、选官与科举改革等，保证了玄宗中后期的财政状况良好。丁俊特别分析李林甫主持完成的《唐六典》，详尽记载开元二十五年(737)官制的所有细节，百官明确职守，彝伦攸叙，为唐代及以后各代建立典范。他在相时期处置边务大体得宜，且有过几次对吐蕃、契丹和勃律的重大胜利。虽然边帅实力坐大在他的时期已经形成，但以他的威德尚能镇住，到杨国忠主政就完全崩盘了。《旧唐书》说他"未尝以爱憎见于容色"，即喜怒不形于色；"自处台衡，动循格令，衣冠士子，非常调无仕进之门"，这就是制度完善后必然的结果。"秉钧二十年，朝野侧目，惮其威权。"

然而李林甫执政岁久，必有重大失误和迷失。丁俊所举，在废立太子过程中，林甫始右寿王，在忠王李亨得立后，始终没有理好关系，并在韦坚、李适之、王忠嗣等狱事中，严重得罪了太子即后来的肃宗一系人事，开罪了包括李邕在内的大批清流文人，为自己留下了无法挽回的败局。

洛阳近年新出李齐之墓志，撰于天宝九载（750），正是李林甫权势煊赫的时候。志称死者为"我开元皇帝四从叔，我相国晋公五从兄"，齐之出郑王房，离两者都很远，偏要这么鼓吹，将君、相并提，这恰当吗？又写郑王房人物之辉赫，若"季弟齐物，河南尹；堂弟齐古，国子祭酒；昕，中书舍人兼检校礼部尚书；晔，库部郎中；旴，赞善大夫。而日晏罢朝，鹓鸾成列；鸡鸣入觐，羔雁为行。盛矣哉！"你感觉太好，别人要怎么看呢？这些并非李林甫所知，但可见他一时权势之盛。李林甫执政期间，恰是玄宗迎聘杨玉环为贵妃，沉溺爱河而"君王不早朝"的时期，但打瞌睡的君主仍是君主，君主的权力是不允许任何人分享的，何况杨家还有另外非分的想法和要求。李林甫长期执政,一方面他一直在清除异己,巩固权力,另一方面又已久居高位,无路可退。林甫一死,立即被清算,生前所作于国家有益的工作,不会再有人提起,所有他得罪的势力,都群起落石,使他再无翻身之日。丁俊的工作完全不拘泥于传统史学的是非褒贬,而是以现代学术立场客观地分析历史进程中所有人的所作所为,因而有充分的说服力。

李林甫能诗文,工丹青。他写诗给张九龄,自述"揆予秉孤直,虚薄忝文章",张九龄也赞其所作"忽听金华作,诚如玉律调"(二诗均见《张子寿文集》卷二)。高适称赞他"兴中皆白雪,身外即丹青"(《留上李右相》)。前句说他品位高雅,后句夸他日常以绘画消遣。《历代名画记》作者张彦远曾述观感:"曾见其画迹甚佳,山水小类李中舍",风格近似李思训。女儿李腾空是李白太太的闺蜜,李白《送内寻庐山女道士李腾空》:"多君相门女,学道爱神仙。素手掬青霭,罗衣曳紫烟。一往屏风叠,乘鸾着玉鞭。"与李白夫妇志趣相投。

李林甫身后被清算,不久发生的安史之乱,也让他担了别人的罪责,于是一切风流繁华,都不复存在了。他身后五十多年,他多年的大秘苑咸归葬,苑咸之孙苑论撰墓志称:"右相李林甫在台座廿余年,百工称职,四海会同,公尝左右,实有补焉,则政事可知也。"这几句很客观。

讲故事的高力士

历代帝王都有许多风流传说,唯独唐玄宗与杨贵妃的故事传播最广,且涉及众多细节,再加上白居易《长恨歌》之类作品添油加醋式的演绎,几乎可说家喻户晓了。宫闱事秘,外间如何得知?似也不是全出虚构。在此我想揭出所谓开元、天宝宫廷遗事的最初源头,是来自玄宗一朝始终高居大内总管之位的高力士。

证据之一是,郭湜《高力士外传跋》云,肃宗朝李辅国秉政,"窃弄威权,蒙蔽圣聪",屡起大狱,坐贬流死者,仅在黔中一道即有二千人,最著名者有三故相、六中丞、一开府,开府即是高力士。力士于上元元年(760)上皇移居西内时,被李辅国诬以罪名,配流巫州(今湖南怀化)。郭湜恰好也在那里,自述:"况与高公俱婴谴累,每接言论,敢不书绅。岂谓怀辅弼之元勋,当休明之圣代,卒为谗佞所恶,生死衔冤。悲夫!"即他认为高为辅弼元勋,为奸人所陷,死于贬所,而他视高为前辈,对同遭厄运者充满关切同情,接触中凡高谈论所及,随时随地记录下来,以存故实。郭湜,两《唐书》无传,近年其墓志出土于洛阳,录文见《全唐文补遗·千唐志斋新藏专辑》,由史家陈翃撰写,题作

《唐故朝散大夫检校尚书驾部郎中兼同州长史郭公墓志铭》,知郭字熙载,高宗宰相郭待举之孙,卒于贞元四年,年八十九,生卒年为公元700—788年。他何时贬黔中,墓志没有说,仅称他"耄虽及矣,而志未衰,著书数十卷"。《高力士外传》之成书,从"朝义奔走不知所在"一句分析,大约写于代宗初年,即高力士卒后不久。他与高相识时,已年逾六十。

证据之二是,李德裕《次柳氏旧闻序》云,大和八年(834),唐文宗忽询问"力士终始事迹",宰相王涯奏:"上元中,史臣柳芳得罪窜黔中,时力士亦徙巫州,因相与周旋。力士以芳尝司史,为芳言先时禁中事,皆芳所不能知,而芳亦有质疑者。芳默识之,及还,编次其事,号曰《问高力士》。"柳芳是有唐一代最著名的史学家,所著《唐历》四十卷,曾为司马光修《通鉴》所取资。高力士知道柳曾典掌史册,有意识地告诉他大量禁中旧事,柳芳有疑问者,也尽量给以答疑。柳芳据以编成《问高力士》一书。王涯奉诏找到柳芳之孙柳璟,柳璟回答很谨慎,说许多细节高未详讲,可传者已编入《唐历》,其他非人臣宜知者皆"秘不敢宣"而不存。当因那时宦官势盛,惧招祸。李德裕忽念其父李吉甫早年谪官,曾与柳芳子柳冕同行,柳冕一路给他讲高力士所述故事,柳冕且说:"彼皆目睹,非出传闻,信而有征,可为实录。"他复听父亲所告,乃编录十七事上奏。书名《次柳氏旧闻》,明其来源,又名《明皇十七事》,则就内容言。

高力士(690—762),本姓冯,是唐初岭南名臣冯盎曾孙。

因坐家族祸乱,十岁就阉割进宫,宦官高延福收为养子,乃改姓。他从开元初知内侍省事,任大内总管几乎与玄宗一朝为终始。史传与近年先后出土潘炎撰文的墓志、神道碑,记载了他的大量事迹,可以说他是玄宗一生的管家,虽干政但能把握分际,在关键时候起了许多积极作用。玄宗退位后,他仍追随左右,终因不容于肃宗君臣而被逐。玄宗去世,他"北望号恸,呕血而卒",一生大节无亏。

高力士贬巫州到去世,首尾三年时间。他初行时,"随身手力,不越十人,所余衣粮,才至数月"。他频频与人接触,讲述往事,既希望自己的经历能为史家所采信,也藉此求获年轻贬官之照顾。郭湜所记凡十余事,其间多有关于玄宗朝得失大关节点的记叙。如他认为开元二十三年(735)玄宗"便住内宅,不接人事",是政治转折的节点,"军国之谋,委以林甫",高也难以尽言。到天宝十载(751),玄宗见天灾示警,方询力士,力士答自"威权假于宰相,法令不行",自己有所见也不敢言。对马嵬之变,他叙述是:"扈从至马嵬山,百姓惊惶,六军奋怒。国忠方进,咸即诛夷,虢国、太真,一时连坐。"对玄宗避蜀,肃宗自立,玄宗归京及数遭迁逐,记载尤为详尽。其间虽有高之自诩,但也包含他人不知的珍贵记录。有时高也说到个人私事,如说少年与母麦氏分别,母记其胸上有黑子七,到三十年后母子相见,以此验证。

李德裕所讲十七事,包含重大人事安排之细节:如张说在玄宗朝始终荣盛之内情；玄宗礼敬姚、宋为相，存人君大度；萧嵩与韩休同为相而不协，玄宗以赐物存君臣大义；玄宗因崔琳、卢从愿"宗族繁盛，虑附托者众"，不任其为相；玄宗评价萧至忠之"爱才宥过"。这些人才之选拔，对开元之治的实行至关重要。说到玄宗与太子即肃宗关系者有四则，特别是肃宗在东宫虽屡觉危殆，但终得保全之内情，也堪称珍贵。当然也包含玄宗不少细节，如讲他幸蜀将行之际，闻少年唱《水调》："山川满目泪沾衣，富贵荣华能几时？不见只今汾水上，唯有年年秋雁飞。"玄宗"闻之，潸然出涕"，知是李峤所作，大赞"李峤真才子也"，不待曲终而去。非在身边，不足知此。

以上所言，应该都是场面上的话，郭湜是为高作传，李德裕写出来是给皇帝看的，故议论都很堂皇。是否也讲到许多玄宗与贵妃的艳事呢，从以上两部书来说，涉及到了，但不多。但我相信高力士当年所讲，如《长恨歌》所据玄宗晚年对贵妃之思念，至有临邛道士作法之传闻，或如《松窗杂录》所言玄宗"赏名花，对妃子"，叫李白新进《清平调》之故事，也有可能为高力士所言。《松窗杂录》作者李浚的父亲李绅，是李德裕的挚友，会昌间援以入相。李浚在该书序中说："浚忆童儿时即历闻公卿间叙国朝故事，次兼多语其遗事特异者。"他的记录，很可能即来自李德裕所谈而未及奏御者。

郭子仪的生存智慧

　　古人说人生在世，凡有三不朽，上者立德，中者立功，下者立言。立德除个人修行，还得靠机缘，颜回若非沾了孔子的光，其修行恐真不易为人所知。立功则个人努力可致，当然也要靠世乱或御边的机会。只有立言，人人都可达到，因而中国存世的古籍汗牛充栋。每一位发言者真能不朽吗？天知道。

　　郭子仪出身华阴郭氏，武举及第，从左卫长上（《旧唐书》本传作长史，误，此从《郭家庙碑》碑阴题名）做起，快六十了，方任九原太守兼朔方节度右兵马使，当时在十节度使中，朔方军的实力不在前列。意想不到的安史之乱给了郭子仪做梦也想不到的机缘。他被任命为朔方节度使，率军从灵武东讨，出晋北，与河东节度使李光弼联手，成为扭转唐廷在安史叛乱初期不利形势的主要力量。身陷叛军占据的长安城中的杜甫，最初对郭并不看好，《哀王孙》云："朔方健儿好身手，昔何勇锐今何愚。"但后来的变化出乎预料，到乾元元年（758）末，除河北外，叛军仅盘踞邺下一隅。杜甫《洗兵马》："中兴诸将收山东，捷书夕报清昼同。河广传闻一苇过，胡危命在破竹中。只残邺城不日得，独任朔方无限功。"又说："成王功大心转小，郭相谋深古来少。"即便邺下兵溃，杜甫笔下的郭子仪依然是值得信赖的主将。《新安吏》云："况乃王师顺，抚养甚分明。送行勿泣血，仆射如父兄。"仆射就指郭子仪。

战事几经苍黄，到代宗初年，叛乱基本敉平，论功以郭子仪、李光弼为最。李光弼在乱平次年就去世了，郭子仪更显得突出，同时，他也始终不断地感到功业盈满，来自皇帝身边亲信宦官的猜忌。这种猜忌在肃宗后期就屡次发生，他都躲开了，到代宗初年，更时时感到功高不赏之恐惧。据说宦官害其功，使人盗掘郭家先人祖坟。这是奇耻大辱的事情，部将怒劝子仪缉盗，子仪拒绝了，上朝时自请有罪："臣领师徒，出外征伐，动经岁年，害人之兄、杀人之父多矣。其有节夫义士，刃臣于腹中者众。今构塚辱，宜当其辜。但臣为国之心，虽死无悔。"是说自己领军打仗多年，无论杀敌或是战亡，因父兄死亡怨恨自己的人太多，祖坟被掘，权当赎还自己之罪愆。说得多坦荡。赏论战功，子仪获赠豪宅，在京城亲仁里大兴土木。他知道自己功高震主，无端的猜忌或传闻都可能给自己和家族带来祸害。他的设计出乎所有人意料，在自家豪宅中通大路，开商店，"里巷负贩之人，上至公子簪缨之士，出入不问"。他家女眷梳洗，路人都可以见到。他家子弟不了解他的苦心，哭着劝谏："大人功业已成，而不自崇重，以贵以贱，皆游卧内。某等以为虽伊、霍不当如此也。"你老人家功业巍巍，应该森严庄重一些，至少家得应该是一个私密的空间，干嘛让那些不三不四的人出入卧室以内,前代伊尹、霍光辅佐人主,也从来并不如此啊。郭子仪答道:"尔曹固非所料。且吾官马食粟者五百匹,官饩者一千人,进无所往,退无所据。向使崇垣扃户,不通内外,一怨将起,构以不臣。其有贪功害能徒成就其事,则九族虀粉,噬脐莫追。今荡荡无间,四门洞开,虽谗毁是兴,无所加也。吾是以尔。"(引文见《太平广记》卷一七六引胡璩《谭宾录》,胡书内容多取国史实录,相当可靠。)说明白了,我地位高,随从多,马有五百,从官千人,相随住在京城,如果高宅深院,内外不通,必然引起许多猜恨。贪功害能之人何代不有,但凡有人怀怨,诬告有不臣之心,将无从解释,闹不好还会招来株连九族的大祸。现在我四门洞开,示人以坦荡,即便有人诬告,也不会招致祸事。可以见到他为人之周慎惧满,在功高盖世之际没有头脑发热,知道自古功高招祸的事实,以盈满为诫。当然,生活奢侈一些,享受一些,皇上都不会计较,将军有疾,将军好色,都是人情之常吧。

郭子仪之谨慎小心,自污避祸,其家人未必明白,也难以向家人透底说穿。代宗也震于其功高,将自己的女儿升平公主嫁与子仪次子郭暧。偏偏这位郭公子做了驸马,与公主关系始终没有协调好,古人称为"琴瑟不调"。这小两口经常吵架,不知什么原因,一次郭暧居然骂公主说:"倚乃父为天子耶? 我父嫌天子不作。"你以为你老爹是皇帝,就可以摆公主的架子吗? 其实你爹做皇帝,是因为我老子嫌弃做皇帝什么都要管,不想做,才让你爹做的。一下子就把公主骂哭了,马上就打车回宫,亲口询问可有其事。好在这位皇上还算明白,知道是不懂事的小两口胡闹,劝慰公主说:"汝不知,他父实嫌天子不作。使不嫌,社稷岂汝家有也?"说着说着,自己也觉得委屈,"因泣下,但命公主还"。还是让女儿委屈回去吧。郭子仪听闻,知道事情闹大了,于是"拘暧,自诣朝堂待罪"。皇上当然再次大度,劝慰郭子仪:"谚云:'不痴不聋,不作阿家阿翁。'小儿女子闺帏之言,大臣安用听?"阿家即阿姑,"阿家阿翁"即今所谓公婆。看来这位皇上还读过一些书,知道《释名》卷二引里语'不痴不聋,不成姑公',隋代长孙平也曾引鄙谚作"不痴不聋,未堪作大家翁",这是民间处事的基本原则,即小辈的恩爱怨骂,长辈不要过分当真,不然家族恩怨将无穷无尽。当然,从代宗的立场说,郭子仪毕竟权重内外,不能轻易动摇,乐得做和事佬。在郭子仪则始终明白伴君如伴虎的道理,过了这趟,还不知道以后如何,于是将郭驸马杖打数十,让这浑小子长些记性。以上所引皆见唐赵璘笔记《因话录》卷一,后来戏曲《打金枝》就是靠这段故事敷衍而成。

《旧唐书》存史官裴垍论郭子仪语云:"前后赐良田美器、名园甲馆、声色珍玩,堆积羡溢,不可胜纪,代宗不名,呼为大臣,天下以其身为安危者殆二十年,校中书令考二十有四。权倾天下而朝不忌,功盖一代而主不疑,侈穷人欲而君子不之罪,富贵寿考,繁衍安泰,哀荣终始,人道之盛,此无缺焉。"在安史乱定后,郭子仪还活了近二十年,权倾天下,功盖一代,享尽富贵,家族贵盛,都因他的惧盈畏祸而造成。他的部将子孙,在中晚唐政治舞台上始终很活跃。其孙女后为宪宗妃,生穆宗,被尊为郭太后,更被认为穆、敬、文、武四朝大内之实际掌控人。真是福荫云仍,德泽绵长。

元载的平反

　　元载是中唐前期的权臣,肃宗末因依附权宦李辅国入相,仅旬日肃宗崩,代宗即位,清除了李辅国,元载则因"能伺上意,颇承恩遇",居然任首相达十六年之久。同时任相的王缙、杜鸿渐热衷佛事,俯仰居位,权归元氏,任情祸福,"鼻息干虹霓",弄得皇帝忍无可忍,但又不敢轻易动手。直到大历十二年(777)三月,方出奇谋扳倒元载,立即诛杀,罪名一是专权,二是贪腐。后一项有具体的记录,据说其家光胡麻就有八百石,稀罕的钟乳(用于服食)有五百两。罪名昭彰,史有明文,后亦无平反昭雪之记载。

　　近日承文物出版社社长葛承雍先生寄示陕西省文物缉私队编《西安新获墓志集萃》,其中有会昌四年(844)刘三复撰严厚本墓志云:"元载、杨炎之谤,纷纷而□□有三十余年,公谥元为忠,杨为厉。相国郑公覃问曰:'元载贪冒有状,而恣其悍妻恶子,奈何以忠相之?'公抗辞曰:'元载赃罪盈亿,斯可恶也,然当代宗朝有将不利于东宫者,载有翊戴德宗之功。□欲□之,其可得乎?'其议遂定。"稍有残缺,但意思明白,彼此都承认元载严重贪腐,私德有缺,但他曾翊戴太子,延存皇脉,这就是最

严厚本墓志铭及志盖

大的功劳。最后据以定议。元载的铁案,在他死后六十年,突然因这位小人物而翻了过来。

郑覃任相在甘露事变发生之当月,即大和九年(835)十一月,至开成四年(839)五月罢,在相最有名的事件是开成石经之完成,当然此与时政无关。严厚本为何在此时借定谥的名义为元载平反,是否与甘露事变后宦官权势有关,都难以确定,而他所提元载对保全德宗储位的功劳,则大体有线索可寻。德宗为代宗长子,其母沈氏以良家子入选东宫,赐给太子男广平王李豫,虽为长子,其实庶出,沈氏又在安史乱间下落不明,多年前的电视剧《珍珠传奇》就搬演她的故事。德宗李适(音 kuò)虽然在代宗即位不久立为皇太子,但缺乏母爱,更无外家奥援,储位确实令人担忧。其实代宗为太子时储位也风雨飘摇,幸亏李泌编出一通章怀太子《黄台瓜辞》的故事方得化险为夷。谁知历史会不会重演呢?德宗在储位十八年,绝大多数时间元载秉政,虽然没有见到显著维护的案例,但太子之位没有动摇是事实。遗憾的是德宗即位后,立即罢免因审鞫元载而入相的常衮,起用元的亲信杨炎,但未再议元载案。此后绵历五十多年,皇位在德宗子孙间传了四代五帝,元载始终如被丢弃的死狗般没人再作议论。

照理说,元载秉政十六年,门生故旧很多。我们读大历十才子的诗,看到他的大公子元伯和广结名士,异常活跃。读唐传奇《任氏传》《枕中记》,作者沈既济为杨炎所荐引,杨则为元载亲信,今人对两部小说之寓意,到底是讲元载还是杨炎、刘晏,颇多争议(参卞孝萱《唐人小说与政治》的相关部分引王梦鸥、丁范镇、程毅中诸家说)。令人感到奇怪的是,受到元载牵连而贬死岭南的韩会,其弟韩愈也相随倥偬万里,后执文坛牛耳二十多年,又任史官,对元载之忠奸从未有所议论。

原因何在呢?我觉得还在元载出身清寒,随母而冒姓元氏,身后无有力之家族支持。唐代政治讲出身华衮,依序渐进,元载之骤居显要,为清论所不喜,其间得罪人必多,以致身后萧条。

那么,民间如何看其为人呢?有一篇久不为学者注意的小说,保留了难得的记录。唐末范摅著《云溪友议》采民间传说以备异闻,新奇有趣而多非事实。有《窥衣帷》一篇,说元载娶宰相王缙女王韫秀为妻,渐渐为王家轻怠,甚至目为乞儿,"厌薄之甚"。王氏拿出妆奁钱,鼓励元载读书应考。元载辞家离秦,有诗别妻:"年来谁不厌龙钟,虽在侯门似不容。看取海山寒翠树,苦遭霜霰到秦封。"我在你家备受冷落,不能见容,只能艰难赴京,寻求前途。妻答诗:"路扫饥寒迹,天哀志气人。休零离别泪,携手入西秦。"你不要在乎人情冷暖,我跟定了你,咱们一起进京。元载骤得显贵后,王氏作诗寄诸姨妹:"相国已随麟阁贵,家风第一右丞诗。笄年解笑明机妇,耻见苏秦富贵时。"我家本就出过大诗人王维,元郎也已入相,你们这些势利眼,哪里识得苏秦的才华。王家亲属来趋附,王韫秀大大羞辱了一通,绝不给脸。待到元载事败,王氏本可免死,但自负"二十年太原节度使女,十六年宰相妻","死亦幸矣",多么动人的故事!可以说,唐宋以来贫贱夫妇挣扎图强,历尽艰难而得臻一品之故事,在这里全部具备了。但仔细追究,元妻王氏是天宝间名将王忠嗣女,元撰岳丈碑文还在,王缙入相较元载晚两年,他任太原节度使,即杜诗所说"稍喜临边王相国"(《诸将五首》之三),则更在其后。"家风第一右丞诗",到底是谁家?原来一切都出自虚构,唯一可见的,是民间对出身清寒的元载的同情。

严厚本是严武的侄子,严武在元载秉政初,历任黄门侍郎、成都尹、剑南节度使,或因此而存感恩,方便时就提出了元载的历史评价,将旧案翻了过来。史官失载,湮没千年,偶为世知,更感珍贵,谨揭出如上。

上海的唐诗僧

上海卫建于南宋,元代设上海县,唐时没有上海,但地方早有了,只是没有都市,也没有商圈,到处是泽国泖泾,恰是隐居修禅的好地方。一位远方的禅僧,喜欢上了这个地方,后半生都在这里度过,留下一卷很有禅味的好诗,他是上海文学史上不能不提到的重要诗僧。

这位诗僧法名德诚,原籍遂宁(今属四川),俗姓和生卒年皆不详,仅知他早年出家,前半生一直在湖南朗州药山,从惟俨禅师(749—828)学禅法,一待就是三十多年。惟俨是禅宗宗师石头希迁的高足,喜欢写禅偈,存世一首不见好,但有一段故事很有名。著名文人李翱曾向惟俨问道,惟俨只告:"云在青天水在瓶。"李翱忽然领悟,作两偈以答,其一:"练得身形似鹤形,千株松下两函经。我来相问无余说,云在青天水在瓶。"其二:"选得幽居惬野情,终年无送亦无迎。有时直上孤峰顶,月下披云啸一声。"药山的生活,即是松下诵经,月下长啸,幽居惬情,无送无迎,一切都是顺其自然。德诚从师问法,所得禅法就是如此。

当时同在药山门下有三大弟子,德诚居长,次为昙晟、圆智。药山归寂后,三人本商议到湘北绝无人烟处避世修道,临行圆智持异议,乃改分散弘道。其后昙晟得弟子良价,开曹洞一宗;德诚有弟子善会,晚年在湖南夹山弘法,唐末门下极盛。善会是圆智介绍过来的,比较会讲,到华亭向德诚求法,德诚问:"坐主住甚寺?"善会答:"寺即不住,住即不寺。"有些玄虚。几个回合下来,德诚"以篙撞在水中",善会忽然大悟,遂拜在门下。对这位高足,德诚很得意,曾说:"每日直钩钓鱼,今日钓得一个。"

德诚从中年以后,住华亭朱泾。华亭即今松江,唐代是苏州属县,朱泾即近代金山旧县城之所在。德诚在朱泾弘道,不知是否曾立寺,有也很简陋。他常乘小船,来往于各河泾之间。也常做垂钓状,但都直钩钓鱼,意在修道,自述:"垂丝千丈,意在深潭。浮定有无,离钩三寸。"捕捞是杀生,佛子所不为,德诚谨守于此,藏身没迹于水乡泽国。世称他为华亭和尚或船子和尚,前者指居地,后者指行为。如此至少二十多年,常来往于华亭、朱泾之间,随缘度日。他在今上海境内生活的时间,约在唐文宗到宣宗之间,即公元830至850年或稍后。

船子和尚存诗约四十首,其中三首为七言绝句,余则皆为七七三三七体的作品。他的日常生活就是随船来往,诗中大量写船行的生活感受,诗意中多少不等地传出禅味:"鼓棹高歌自适情,音稀和寡出嚣尘。清风起,浪元平,也且随流逐势行。"写行船中高歌自适、随波逐流的出世之情。"一任孤舟正又斜,乾坤何路指津涯。抛岁月,卧烟霞,在处江山便是家。"任便船行,没有方向,随情所至,在处为家,这是何等情怀!"古钓先生鹤发垂,穿波出浪不曾疑。心荡荡,笑怡怡,长道无人画得伊。"写出一位渔翁,鹤发垂钓,穿波任情,心宽神怡,无人知其精神,似乎是自述,也似写他人。"问我生涯只是船,子孙各自睹机缘。不由地,不由天,除却蓑衣无可传。"在行船中体会人生,子孙指门人,参学各靠机缘。末句"除却蓑衣无可传",更似对佛门传袈裟之调侃。

禅宗灯录及地方志,所选船子诗最多的,是以下三首七绝。其一:"二十年来江上游,水清鱼见不吞钩。钓竿斫尽重栽竹,不计工程得便休。"其二:"三十余年坐钓台,钓头往往得黄能。锦鳞不遇虚劳力,收取丝纶归去来。"其三:"千尺丝纶直下垂,一波才动万波随。夜静水寒鱼不食,满船空载月明归。"三首都写渔父之垂钓生涯。第一首说江上盘游二十多年,水清见鱼,但鱼就是不上钩,砍尽竹林做钓竿,乃至重新栽竹,不计得失。作者借垂钓来作喻,传达现世虚幻、求取无谓的认识,而将不计得失、随世修行作为自己的人生方向。第二首说垂钓多年,偶然能钓到传说中的三脚鳖(即诗中"得黄能"之"能",读 nái),但大鱼却从未遇到,收拾渔具,还是回去吧。第三首写垂钓,投竿下饵,激起无限涟漪,如同欲望一经触动,必然引起无穷是非。诗人则在浩渺的水上体会出世的感受,鱼食与否,又有何意义呢?水面开阔,皓月当空,人天一色,物我同一,陶醉其间,得失两忘。"满船空载月明归",意境太浑成了。

船子和尚的作品,以七七三三七体为多,在乐府称为《渔父》,在词家或称《渔歌子》,在船子的存本则称为《拨棹歌》,其实是介于诗词之间的作品。在盛中唐之间,禅宗和尚写过大量类似句式的作品,如释玄觉《永嘉证道歌》:"穷释子,口称贫,实是身贫道不贫。贫则身常披缕褐,道则心藏无价珍。"释天然《骊龙珠吟》:"骊龙珠,骊龙珠,光明灿烂与人殊。十方世界无求处,纵然求得亦非珠。"这些作品类似荀子《成相辞》或后世莲花落,适合民间传唱,白居易《新乐府》所走也是这一路。船子的渊源则是张志和《渔歌》,最有名的是第一首:"西塞山边白鹭飞,桃花流水鳜鱼肥。青箬笠,绿蓑衣,斜风细雨不须归。"作于湖州,《续仙传》卷上说当时"(颜)真卿与陆鸿渐、徐士衡、李成矩共唱和二十余首,递相夸赏"。这些作品大多还保存在《金奁集》中,就是作者归属已有争议。华亭距湖州不远,相信这些作品吴语呢喃,温言可歌,传布很广。船子虽为蜀人,乐于入乡随俗,值得肯定。

或有读者疑问,船子的作品皆为《全唐诗》所不收,文本是否可靠?会不会是后世好事者所伪托?其实,《全唐诗》据胡震亨《唐音统签》和季振宜《全唐诗》改编,《唐音统签》卷九七三收录船子的所有作品,仅因康熙帝认为偈颂不是诗,《全唐

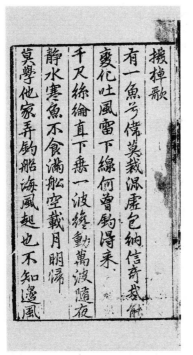

上海图书馆藏元刻本
《船子和尚拨棹歌》

拨棹歌

有一鱼兮伟莫裁，混虚包纳信奇哉。
变化吐风雷下线，何曾钓得来。
千尺丝纶直下垂，一波才动万波随。
夜静水寒鱼不食，满船空载月明归。

莫学他家弄钓船，海风起也不知边风。

诗》弃而不取。今所见船子传记，见南唐《祖堂集》卷五、北宋《景德传灯录》卷一四和南宋《五灯会元》卷四，诸书都收了他的诗。完整的船子诗集则有上海图书馆藏元至治壬戌坦上人刻《船子和尚拨棹歌》，华东师范大学出版社 1987 年影印。同书另有嘉庆本，《词学》第二辑施蛰存先生《船子和尚拨棹歌》一文即据以全部附录。可以说，其人其诗，渊源有自，确凿可靠。

高贵的灵魂

　　妓女是人类最古老的职业，为无数文学作品所述及，虽从事斯业者人品相差悬殊，故褒贬也不一，但有所同情，不加显斥，则中西皆同。自秦汉以来，诗文中述及者络绎不绝，然走近她们的生活，同情地加以记录，则很少见。有之，则自唐孙棨《北里志》始。

　　唐长安城东门内有平康坊，坊之北门内有三曲，为诸妓居住地。其中南曲、中曲所住为妓中之铮铮者，北曲则多为卑屑妓所居。妓之来源，或自幼丐育，或买贫家女，少数也有出身良家子，"误陷其中，则无以自脱"。女鸨则为假母，互称以女弟女兄，无夫，一般都在三十以上，有姿色者又多依附军将。唐末大动乱前，社会日趋浮华，从应试举子到膏粱子弟，从胡商衔将到朝廷显官，皆出入其间。孙棨说自己多次到京城应试，未能免俗，但观察很仔细，久欲从事著述，经历世变，更感北里诸红尘女子之不平凡："多能谈吐，颇有知书言话者。……其分别品流，衡尺人物，应对非次，良不可及。"虽然他也知道薛涛在蜀中颇负盛名，"及睹北里二三子之徒，则薛涛远有惭德矣"。北里诸妓人人有文才，个个秉异德。在经历天翻地覆的大动荡后，他发现难以忘怀的还是那些卑妓。写下来吧，皇帝逃到蜀中去了，天下大乱，他也避世未仕，无所顾忌，将许多此前此后的大官也都实名记录。孙棨后来官也不小，不知后悔没有，好在大唐开放豁达，不计较这些。

《北里志》所记诸妓，有文才，有自尊，有个姓，为孙棨钦服，必须写出，为文学史上留下一笔。

楚儿，本为三曲之尤，但年增岁暮，为万年捕贼官郭锻纳为外室。虽被拘系，未改初心，每有旧识经过其所居，常于窗牖间相呼，甚至互通问候，巾笺送遗。郭锻为人异常凶忍暴毒，每有所知，必痛加笞辱。楚儿虽甚痛愤，但始终不改。偶出游曲江，与才士郑光业道遇，遂出帘招之。郭锻知后，拽至大路上，以马鞭狠打，冤楚之声响彻坊里，观者如堵。郑光业惊悔其事，但次日却见楚儿在临街窗下弄琵琶，且持彩笺送光业诗云："应是前生有宿冤，不期今世恶因缘。蛾眉欲碎巨灵掌，鸡肋难胜子路拳。只拟吓人传铁券，未应教我踏金莲。曲江昨日君相遇，当下遭他数十鞭。"虽遭遇暴力，绝不后悔，因为"我和你今生一定有缘"。此女看似玩世不恭，其实不断在反抗命运。

颜令宾，居南曲，属有身份的名妓，"举止风流，好尚甚雅"，平日迎候者甚多。但到病重时，她看到落花，感叹数四，因写诗招客："气余三五喘，花剩两三枝。话别一樽酒，相邀无后期。"平时殷勤是逢场作戏，现在我即将离世，还有几口气，希望有尊严地告别，敬请各位写挽诗来为我送行。她身后收到许多挽诗,假母以为赙礼,及见大失所望。邻人有刘驼驼,聪爽能为曲子词,乃在颜令宾出殡时,谱曲让挽者歌唱,盛传长安。此女有自尊,不因堕落而自我轻贱。

前曲王家有三女,大约孙棨经常光顾,所记最详。长者小润,为后来宰相崔胤所眷。其次福娘,"丰约合度,谈论风雅,且有体裁"。常于宴洽之际,惨然悲郁,合座为之动容。一日忽赠诗孙棨:"日日悲伤未有图,懒将心事话凡夫。非同覆水应收得,只问仙郎有意无?"我不得已沦落红尘,覆水难收,日日悲伤,你一直对我好,愿意真心帮我吗?这可把孙棨惊到了,忙说自己只是普通举子,纳妾绝非所宜。福娘再告,我还没入教坊籍,"君子倘有意,一二百金之费尔"。花不了太多钱。孙立即和诗:"韶妙如何有远图,未能相为信非夫。泥中莲子虽无染,移入家园未得无。"我知道你很纯洁,但我家绝对无法接纳。多时后,福娘为他人所纳,仍赠诗于孙:"久赋恩情欲托身,已将心事再三陈。泥莲既没移栽分,今日分离莫恨人。"我是真的对你好,缘分已绝,不再怨恨。此后孙方知她身世,被骗卖入北里,后"得数百金与兄,乃恸哭永诀而去"。此女虽出身卑微,但为家不恤牺牲自己,为情更足感动天地,人格高贵有如此者。

还有善谑的王苏苏,利口善辩的张住住,敢于大骂假母而钟惜情郎的杨莱儿,"负流品,巧谈谐"的郑举举,轻率而常"伤人肌肤"的牙娘,无不性格乖张,真情真性。唐代是士庶分明的社会,这些出身下层的女子不可能与士人正式成婚,做有情郎的妾也千辛万苦,但她们有尊严地活着,没有自甘堕落。

我以前曾引唐末士人源匡秀为眷爱的妓女沈子柔所写墓志,铭曰:"火燃我爱爱不销,刀断我情情不已。虽分生死,难坼因缘,刻书贞珉,吉安下泉。"爱情与地位、身份不能简单画等号。

改一个字好难

上月初,博雅讲坛约我为新著《贞石诠唐》做讲座并签售,贴出海报,说到对《本事诗》作者孟启家世的研究,微信中立即读到斥谬的回应:"居然将《本事诗》作者孟棨说成孟启",满脸之不屑。这让我想到许多年前,《辞海》2009 年版刚出的时候,咬文嚼字成名的金文明先生说到校对的疏失,也曾以这个字为例,我马上声明,这是应我要求隆重改过来的。但我最近几年所写文章,又有多次编辑很负责任地替我改为孟棨,真让我不知如何解释。

为什么几乎所有人都认为《本事诗》作者是孟棨呢?因为《四库提要》有明确的结论:"《新唐书·艺文志》载此书,题曰孟启,毛晋《津逮秘书》因之。然诸家称引,并作棨字,疑《唐志》误也。"皇家钦定,纪晓岚执笔,够权威吧!"诸家称引,并作棨字",说得如此绝对,不容你不信。余嘉锡《四库提要辨证》卷二四有疑问,云"各家刻本,皆作孟启","《宋史·艺文志》《书录解题》亦皆作启",仍存疑。台湾学者王梦鸥《本事诗校补考释》进一步举衢本《郡斋读书志》卷二〇引五代吴处常子《续本事诗》序,"称孟启为孟初中,衡以名字相副之例,则作启者似是也"。

日本学者内山知也作《本事诗校勘记》（收入《隋唐小说研究》，木耳社 1978 年），遍校了《本事诗》十四种传本，确定仅三本存自序，而署名均作"启"。作孟棨则首见五代王定保《唐摭言》卷四《与恩地旧交》："孟棨年长于小魏公。放榜日，棨出行曲谢。沆泣曰：'先辈吾师也。'沆泣，棨亦泣。棨出入场籍三十余年。"后用其说者皆沿袭此书。

就以上诸家研究，《本事诗》作者是孟启而非孟棨，应该已经可以作结论。更有力的证据则来自石刻。十多年前洛阳出土孟启家族四方墓志，一是《唐孟氏冢妇陇西李夫人墓志铭并叙》，称"咸通十二年辛卯五月戊申，进士孟启之妻陇西李氏讳琰，字德昭，以疾没于长安通化里之私第"，"启读书为文，举进士，久不得第"，为妻撰墓志倾诉了对不起亡妻的地方，自负中更感世事不公。二是乾符二年(875)十月撰叔母萧威墓志，自署"凤翔府节度使推官、前乡贡进士孟启撰"，晚于前志四年，这回已经登进士第，也与徐松《登科记考》据《唐摭言》上引记载推定的乾符元年登第时间契合。三是其叔孟璲墓志，时间要早很多，署"侄启书并篆盖"。

来自石刻与存世文献的众多证据，可以确信孟启正确，孟棨为传误，似乎已经完全没有再讨论的余地。至于如何让所有读者都接受这一结论，我觉得真的没有太多办法。由此而有所感慨，越是权威的学者，作结论时尤其要小心，想当然地就说"诸家称引"，实在不合适。具体的学术分歧，在没有确凿证据时可以存疑,石刻存当年文献,且出孟启自书,因而可作结论。在文献不足征时,学者不必追求一定作结论。比方《本事诗》中有一句"开成中余罢梧州",或认为他曾任梧州刺史,但在登第前四十年,显然不可能,即便我证明孟启父亲孟琯开成初因甘露事变牵连而贬梧州司户参军,接近真相了,但这句仍难得确解,还是存疑吧。今人多喜欢在文献不够的情况下强作结论,或者知识不对等的情况下强辩是非,看起来轰轰烈烈,其实没有多大意义。

偶见杨凝式佚诗

　　偶检今人水赉佑编《蔡襄书法史料集》(上海书画出版社1983年出版)，有录自明宋珏《古香斋宝藏蔡帖》卷一的两首诗："洛阳风景实堪夸，几处楼台处处花。尽是齐王修种得，如今惆怅似无家。""洛阳风景实堪珍，到此经今三纪春。无限欢娱荣乐事，一时回施少年人。"没有题目，末署"君谟"。我一见即惊呼：此五代杨凝式诗也。

　　何以见得？

　　南宋张世南《游宦纪闻》卷一〇载："晋天福四年己亥三月，有《洛阳风景四绝句》诗，年六十七。据诗云：'到此今经三纪春。'盖自丁卯至己亥，实三十年，则自全忠之篡，凝式即居洛矣。真迹今在西都唐故大圣善寺胜果院东壁，字画尚完，亦有石刻，书侧有画像，亦当时画。"后晋天福四年为公元939年。张世南此节记载来自黄伯思之子黄诏，诏述其父在建炎庚戌(1130年)平江围城中失去杨凝式书一册，及其先人手书杨传，不久在饶州德兴太宁资福寺录得杨氏遗文。世南得其本后，参合杨氏《年谱》《家谱》及传记，详考杨氏生平，为今知杨氏事迹最完整记录。蔡襄所书二诗，恰有"到此经今三纪春"一句。三纪是三十六年,世南读为三十年,从天祐元年(904)昭宗迁洛算起,此偶疏尔。此外,《山谷内集诗注》卷一八《病来十日不举酒二首》其一注引"无限欢娱荣乐事,一时回旋少年人"二句,亦注明为杨凝式诗。此其一。

杨凝式传世有"洛阳风景"一诗,也见于《游宦纪闻》卷一〇:"凝式诗什亦多,杂以诙谐。少从张全义辟,故作诗纪全义之德云:'洛阳风景实堪哀,昔日曾为瓦子堆。不是我公重葺理,至今犹自一堆灰。'它类若此。"《全唐诗》卷七一五收此诗,题作《赠张全义》,显然误解《游宦纪闻》之意。纪德在张氏生前身后都可,赠诗则必在张生前。蔡襄所录二诗,句式与此诗一样,应都属于《洛阳风景四绝句》,孰先孰后则难以确定。末句"犹自",《全唐诗》作"犹是",此微异耳。此其二。

最重要的证据是蔡襄所录第一首的"齐王",即上言之张全义,其人为唐末至五代前期割据洛阳一带的军阀,与杨凝式一生出处关系最重大的人物,容我展开做一些说明。

杨氏先人自称出弘农越公房,即隋名相杨素后人,占籍同州冯翊(今陕西大荔)。从凝式曾祖濠州录事参军杨遗直开始,客居讲学于苏州。遗直四子发、假、收、严,唐后期以文学政事名重天下,时号修行杨家。发官至岭南节度使,存诗十多首,辛文房《唐才子传》卷七称其为"当时声韵之伟者",赞其《宿黄花馆》"浏亮清新,颇惊凡听"。发子乘,张为《诗人主客图》列为广大教化主之上入室者,即白居易继承者,惜仅存诗五首。杨假官至常州刺史。杨收以神童驰誉,咸通间官至宰相,权倾一时,后贬死岭南,墓志已出土。杨严,乾符间官至兵部侍郎判度支,他是凝式祖父。凝式父杨涉,是杨严长子,仕宦显达,哀帝初入相,这时皇室衰微,国势日非,杨涉难有作为,还做了一件被欧阳修骂为人臣最无耻的事,即在朱全忠要做皇帝时,杨涉与几位大臣将唐之传国玉玺从洛阳送到汴州。《新五代史》特立《唐六臣传》加以谴责,认为他们是"庸懦不肖,倾险狯猾,趋利卖国之徒"。当然,在杨涉当时,身命为他人所控,又能如何?他也读圣贤书,知道立身是非,暴力之下,若不想死,别无选择,内心则很痛苦。他对家人和凝式说:"吾不能脱此网罗,祸将至矣。""今日之命,吾家重不幸矣,必累尔等。"这是杨凝式的宿命。

唐亡那年,杨凝式35岁,遇到一位贵人,乃得一生贵盛无忧。贵人是齐王张全义。张全义世为田农,早年做过啬夫,大乱中逐渐坐大,昭宗初年起为河南尹,主洛阳政事近四十年。他出身孤苦,性勤俭,举世大乱中依附朱全忠,为朱做后勤供给,同时劝耕务农,建设地方,维持了洛阳平静。他不仅四时劝农,碰到水旱灾害,也都庄重祭祀,据说每有效应,民间谚语云:"王祷雨,买雨具,无畏之神耶,齐王之洁诚耶!"洛阳久被兵燹,在他主持下修复宫殿,稍存气象。杨凝式久随张全义,一生都以张家家臣自任。清泰三年(936)为全义孙张季澄撰墓志,自署"门吏中大夫尚书兵部侍郎柱国赐紫金鱼袋弘农杨凝式撰",此时全义去世已近十年。天福四年(939)为全义侄张继升撰墓志,仍署"门吏太中大夫守礼部尚书柱国赐紫金鱼袋致仕弘农杨凝式撰"。

凝式一生历仕通显,官位弘达,但始终没有参与过重大决策,更无事功可言。长居洛阳,与诗、酒、僧为伴,行草达到出神入化程度。据说洛阳寺院,都愿拉他去喝酒,乘便刷白几面墙壁,怂恿他醉后乘兴挥毫。他活到82岁,享尽荣华,没有祸灾,一切拜齐王所赐。当然他也谨守分际,心存感恩。蔡襄所书诗中对齐王的感德,正是他的心声。此其三。

天福四年(939)写《洛阳风景四绝句》时,杨凝式已经66岁。其间洛阳经历了两次大乱,一次是庄宗同光四年(926)变乱,另一次是清泰三年(936)唐亡晋兴之乱。唐末帝败亡时,本欲焚烧洛阳宫殿,幸其幼子重美劝阻,方得保存。一切都是杨凝式身经亲见。四绝句仅存三首,主旨也有堪哀、堪夸、堪珍之不同,但对"几处楼台处处花"的欣羡,对"无限欢娱荣乐事"的追忆,对齐王的感念,寄望少年人多加珍惜,还是十分真切的。

杨凝式书法为五代第一,存诗不很多。《全唐诗》卷七一五录其诗三首又三句,同书卷八八七录《雪晴》:"春来冰未泮,冬至雪初晴。为报方袍客,丰年瑞已成。"出米芾《书史》。前人及本人辑唐佚诗,稍有增补,但很有限。今知道线索者,如米芾《书史》引有《上大仙》诗,《宝刻丛编》卷四著录《题长寿华严院东壁》,《南宋馆阁续录》卷三录其帖有《崔处士诗》,《游宦纪闻》卷一〇所载还有《奠定智大师诗二首》《看花诗八韵》《寄惠才大师左郎中诗三首》等,期待还有进一步发现。书家喜欢抄前人诗,临前人帖,蔡襄书二诗如此,杨凝式也如此,《宝真斋法书赞》卷八录其书《烟柳诗》"天街小雨润如酥",是韩愈诗。

前时上网查,蔡书二诗都标自撰自书。本文写毕再查,方知《书法》2017 年 12 月号刊有萧风《杨凝式佚诗〈洛阳风景四绝句〉考辨》一文,知萧君已先我着鞭。手机上此文打开要登录注册,超过了我的能力。算了,一意各表吧,此一考证好在并不算复杂。

附记:本文刊出后,得见前述萧风文,据其所附二诗拓本,改动两处引文,谨谢。

文学史不可忽忘的胖和尚

先还说杨凝式。《洛阳缙绅旧闻记》卷一载他晚年在洛阳长寿寺与俗讲僧云辩对坐,来了谈歌妇人杨苎萝,他称为侄女的利口美女。笑谈间,有大蜘蛛从檐前垂丝而下。和尚多事,对歌女说:试嘲此蜘蛛,嘲得好,给你两匹绢。歌女应声而嘲:"吃得肚罂撑,寻丝绕寺行。空中设罗网,只待杀众生。"句句说蜘蛛,句句嘲和尚,云辩"体肥而壮大故",更增乐趣。杨凝式大乐而起哄:"和尚取绢五匹来。"和尚"能俗讲,有文章,敏于应对",一生都劝行善,被小女子提弄,虽落下风,并不生气,立赠五匹。

这是云辩和尚在传世文献中的形象。同书还说他"若祀祝之辞,随其名位高下,对之立成千字,皆如宿构"。其他还有几处零星记录,似乎分量都不重。直到敦煌文献中发现他的大量作品,方显示他地位的重要。

云辩(873—951),俗姓占籍不详。临终前撰《与缘人遗书》,自述生平:早年任洛阳左街司录。后晋开运二年(945)为开封相国寺主。晚为东京右街僧录,赐紫,号圆鉴大师。卒于广顺元年六月后,年近八十。当时名声已经远播西边,沙州大德听闻他去世,立即要求长白山人李琬传抄他的作品,远寄敦煌。敦煌遗书中已经发现云辩作品近十件,估计还有不少,有待学者进一步鉴别。其中最重要的两份,一份是伯三八〇八所存《长兴四年中兴殿应圣节讲经文》,另一份是斯七、伯三三六一、Дх.一七〇三及斯三七二八所存《故圆鉴大师二十四孝押座文》接《修建寺殿募捐疏头偈词十首》。两份都是在特定时间、场合宣唱俗讲的完整文本,显示了唐五代通俗说唱的基本面貌。

先说前一份。原卷不题作者,《敦煌变文集》收入时没有作者说明。经潘重规、周绍良、郭在贻等学者反复考求,征引《大宋僧史略》《佛祖统纪》等书,确认为云辩作。应圣节为明宗诞节,时在九月九日,中兴殿为五代时宫廷的主殿,这次讲经为明宗庆寿活动最重头一场,王公后妃、满朝文武都出席。所讲经为《仁王护国经》序品,适合为皇帝暖寿颂德的场合。今见文本应该传抄自云辩本人的演唱底本。开场白为皇帝颂寿后,立即转入讲经,解释经名,再讲序品之第一节,有故事和说唱。后半转入对明宗为政成就之表彰与歌颂。以下录一首为转折:

圣主修行善不穷,须知凡小杳难同。下为宇宙华夷主,上契阴阳造化功。四海丰登归圣德,万邦清泰荷宸聪。君王福即生灵福,绾摄乾坤在掌中。

皇上就是当今护国菩萨,后唐以沙陀统治中华,常讲华夷一家,云辩赞为"宇宙华夷主","阴阳造化功",明宗君臣当然乐闻。其后云辩以十来段唱词,赞颂明宗诚六宫、愍织妇;念耕夫、惜生灵;戒奢示俭,空囹圄,息烽烟;感东川之灾,降丝纶而安抚,和安两浙,使其进贡来而舟航保吉;进加尊号,政通人和而普天皆贺;重德崇佛,上资宗庙,下福生灵。还可以举许多。在此仅说一节:

> 每念田家四季忙,支持图得满仓箱。发于鬓上刚然白,麦向田中方肯黄。晚日照身归远舍,晓莺啼树去开荒。农人辛苦官家见,输纳交伊自手量。

写明宗对农事关心。据说明宗曾问冯道:"天下虽熟,百姓得济否?"冯认为"谷贵饿农,谷贱伤农",举聂夷中《伤田家》诗"医得眼下疮,剜却心头肉"为证,明宗赞"此诗甚好",录下每自讽之。云辩说"农人辛苦官家见",就指此。明宗在位八年,是五代政治最好的时期,云辩在结语中说"磨砻一轴无私语,贡献千年有道君",述所颂并非私见,而是公论。此篇讲经文末还附有十九首七言绝句,涉及明宗末年人事,估计是云辩为可能听讲的对象所作预设准备。

第二份以往都分为两篇,在斯三七二八纸背"宣赐紫云辩。崇夏寺尼三月讲,为修本寺佛殿,请一人为首,转化多人。每人化钱二十五文,足陌,充修上件功德。偈词十首,便是教化疏头"一段发现后,可知为一次俗讲的前后文本。事由是崇夏寺要修佛殿,云辩受邀开讲募化。先是一大段押座文,内容讲二十四孝。开头就唱"须知孝道善无疆,三教之中广赞扬。若向二亲能孝顺,便招千佛护行藏",认为三教皆重孝道,佛法弘护孝行。高潮部分,可以听到他的激情:"孝心号曰真菩萨,孝行名为大道场。孝行昏衢为日月,孝心苦海作梯航。孝心永在清凉国,孝行常居悦乐乡。孝行不殊三月雨,孝心何异百花芳。孝心广大如云布,孝心分明似日光。孝行万灾咸可度,孝心千祸总能禳。孝为一切财中宝,孝是千般善内王。佛道孝为成佛本,事须行孝向爷娘。"引这一大段,可感受听众的气氛。转入正事,用十首七律说明佛殿已经八十多年,渐次倾坏,说明重建的办法与意义,然后请各位布施。"偈词十首,便是教化疏头",说他的讲唱是义演,以此为募化疏头。

此外,云辩还有《十慈悲偈》,历举君王、为宰(宰辅)、公案(即刑名吏人)、师僧、道流、山人、豪家、当官、军件(或即军伍)、关令等十种人,各自皆应有悲悯同情。如《关令》:"关人若也起慈悲,小小经商润惜伊。力出身中血作汗,担磨肩上肉生胝。觅些寡利宁辞苦,趁大程途力尽疲。不用重重苦邀勒,从伊觅利养妻儿。"说商贩行货辛苦,关卡尽量不要厚征取,宜润惜勤劳。《赞普满偈十首》也是十首律诗,为普满塔重饰后花费一千五百贯文,以十文一份募化。其中第七首写京城美景,较闲适:

"春天曾上看京华,景引吟情到日斜。极目树芳堆锦绣,近城河势曳云霞。箫韶美韵和风散,富贵朱门翠柳遮。西北凰楼连玉殿,紫云深处帝王家。"

《荀子·成相篇》开始,学者坚信说唱文学在民间具有巨大生命力和悠久传统,只是存世作品太少。明清说唱弹词以前,文学史上有大段空白。敦煌遗书中此类文本的大量发现,填补了上述空白。因文本残缺零乱,确定作者很不易。变文发现之初,学者从存世文献中找到中唐俗讲僧文溆的事迹,从韩愈《华山女》"街东街西讲佛经,撞钟吹螺闹宫庭"知其盛况,从张祜调侃白居易《长恨歌》源出《目连变》知其对文人的影响,要复原变文的作者及演说过程,则极困难。云辩的文本虽然说不上精致,与经典更有差距,但他确是极其难得的有大量作品存世的俗讲僧,在他以前目下还找不到第二人,文学史上应有他一席之地。

存世唐诗知多少

　　我是第二次写这个题目。前一次写在二十几年前,1997年夏初应天津《今晚报》之约,他们要开一个博导专栏,我前一年刚跻身其间,于是冒昧写了千余字。当时看法比较简单,认为日本学者平冈武夫统计,清编《全唐诗》存诗 49 403 首又1 555 句,如果做一番加减法,应该可以知道存世唐诗的大体数字。所谓减法:一是指《全唐诗》因体例不善而引起的重复收录,如乐府诗既据《乐府诗集》收在书首,又在各人名下收存,谐谑、诗与词也有不少重收;二是指同一首诗分别收录在二或三人名下,不免重复统计;三是唐前及五代诗多有误收。三部分合计,大约要减去四千首左右。所谓加法,则指从乾隆末开始之各家唐诗补遗,至今大约已经超过八千首。加减合计,保守的估计大约是五万三千首,最多是五万四千。我近年又有许多新的所得,但总数肯定还无法超过五万四。

　　近年来发愤重新全部校录唐诗,所得之丰,远超想象。照理说具体数字可以越来越清晰了,我以往也一直这样认为的。然而越是接近定稿,我越是感到迷茫,我想借本文将这些迷茫写出。

我们习惯说一首唐诗,是指保存完整、题目和首尾完具的一首作品,多数情况下应该不会引起误解。但如果我借这几个字说事,其实很难明确界定。

先说唐,任何人都知道唐之立国在 618 年唐高祖开国,907年唐亡于后梁。但唐诗的时间则并不限于此,明清两代,都认为五代是唐的余闰,《全唐诗》包括唐五代十国的所有诗作。那么问题来了,前后截止期,都是全国人民共同跨过新时代,就要有具体的限定。从隋入唐者,前后都有作品者大约二三十人,涉及诗作不足百篇;而五代十国因各地域归宋时间不同,入宋前后存诗较多,现在的一般办法是存数不多者两边都算,入宋诗作较多者如徐铉、李昉,仅存入宋前作品,对读者当然不太方便,但为避免滥收,又只能如此。清编《全唐诗》所收唐诗,原则上无论所据书之早晚、真伪、完残,凡相沿为唐人诗作一概收入,造成许多误讹。今人手段发达,考证精微,几乎每首诗或每个诗人之生平都能调查清楚,结果大跌眼镜。比如"秋风万里芙蓉国"作者谭用之,"落花人独立,微雨燕双飞"两句作者翁宏,以及围绕翁宏的十来位诗人,历来视为五代人,今知可能出生于五代末,但他们所有事迹和作品,都在宋初。两《南唐书》有传的邵拙,今知其应考在咸平间,距南唐之灭亡已二十多年了。这些还算能弄清楚。更糊涂的是,唐代的传奇志怪,宋人喜欢继续添油加醋地编造。顾况与宫人红叶传诗,已经很难相信,宋人再敷衍出于佑与韩氏的类似故事;王轩题西施石的故事,宋人也继续编造二人幽会后的调情诗作。元明两代,造伪更蔚成风气,唐五代女诗人,大约三分之一是假托的。我还发现一有趣情况,宋人说到好诗而忘了作者,就号称是唐诗,逐一查检,大多可以理清。凡此之类,累加就涉两三千首之多。

再说何者为诗。我们习惯说《诗经》、楚辞是中国诗歌的两大源头,但从六朝文体说兴,严辨诗文界限,一是骚体的韵文皆属文而不算诗,二是四言的韵文如赞、铭、箴、颂皆归文而不归诗。这些已经不存在争议,虽然也有人试图改变,采纳必招争议。大端之问题在于佛道歌诗,习惯上僧人之个人诗作多称偈颂,道士之什《全唐诗·凡例》称章咒,准确还是称歌诗赞颂为好。康熙帝不喜欢此类作品,一句"本非歌诗",将胡震亨辛苦搜罗的包括王梵志诗歌在内的大批作品皆排除在外。近百年因为敦煌遗书中大量民间及僧道俗曲礼赞类作品之发现,在收录体式上学者大多已接受从宽采录的态度。当然宽到什么程度,仍很难把握。

还要说到什么是一首。最简单的问题在处理一代文献时,常都会非常复杂。比如贺知章的两首《晓发》,其一云:"故乡杳无际,江皋闻曙钟。始见沙上鸟,犹埋云外峰。"其二云:"江皋闻曙钟,轻枻理还舲。海潮夜约约,川露晨溶溶。如见沙上鸟,犹霾云外峰。故乡眇无际,明发怀朋从。"其一四句均见于其二,但排列不同,构成了新的诗境。还有这首:"野人不相识,偶坐为林泉。莫漫愁沽酒,囊中自有钱。回瞻林下路,已在翠微间。时见云林外,青峰一点圆。"以前四句独立成篇者,唐代就流传很广。类似情况还有王湾《江南意》和《次北固山下》之前后属稿之不同。以上几例应皆属于作者自改或再创作的例子。至于后人割裂诗篇的例子,如李绅与裴度、刘禹锡、白居易合作《喜遇刘二十八偶书两韵联句》长诗,《全唐诗》沿《万首唐人绝句》之误,将李绅三节作为《和晋公三首》,又将裴度联句割为《喜遇刘二十八》《送刘》《再送》,一首诗截成了六首。再如《万首唐人绝句》五言卷二一收萧颖士《重阳日陪元鲁山登北城留别七首》,在《古今岁时杂咏》卷三四、《唐诗纪事》卷二一皆作古诗一首,也被割成了七首。

举以上例子,是要说明唐诗流传千年,歧互传误的情况非常严重。而清编《全唐诗》成书仓促,不能充分考证鉴别,又所承袭胡、季二书,囊括明代所传唐诗的所有文本和错误。我从1981年起作唐诗搜罗考证,又恰逢时代风会与学术转型,得以半生肄力于此,所得之丰,超迈前贤。年齿渐增,思有以作集大成之工作,以嘉惠学界,且以求真祛伪、求全备录为目标。进行多年,完成可期,略布所怀,亦求益于有识者。

明眼的读者可以体会,我的题目借用了孟浩然诗"花落知多少"的句式。孟浩然当年感叹流年,见夜来风雨,满地落红,感慨良多。虽然惜春之逝,但他绝不会去数一下园内落花几何。同理,我们大约估计唐诗今存数在五万三千首上下,绝对可靠者大约略过五万首,也就够了,再求准确,就不免泥沙俱下了。

跨代的诗人

最早写与《全唐诗》相关文章，是 1979 年春从《南京师范大学学报》见到孙望先生《全唐诗补逸》的摘刊，觉得有些疑问，写了两三千字请教，由王运熙老师转寄。孙先生工楷回信，虚心接纳，逐条解答，正式出版时更多处引用。王老师告：这样的文章，已经可以发表，但孙先生已经接受，就不要发了。我当然同意，原稿与孙信都保存，至今未刊。

就此与《全唐诗》结缘，凡补遗辨伪，补充事迹，考察本事，校订文本，无不涉及，更发愿重新编订新本全部唐诗，最近几年全力以赴，椎轮大备，定稿可期。所涉问题之复杂，斟酌之艰难，不曾身历，难以体会。上半年在校内作一公开讲座，朋友们更望得知其详，我也乐意陆续作一说明。先说跨代诗人的判断与处置。

唐诗，顾名思义是唐一代的诗。唐之起讫为 618—907 年，2018 年为唐王朝建立 1400 周年，值得纪念。但从宋、明两代起，皆视五代十国为闰唐，以十国纳土之下限为唐诗收官时间，现也无必要再作改变。

改朝换代，旧朝的千万吃瓜群众一齐在新皇万岁欢呼声中迎接新朝，这就给一代文献之整理出了难题：跨代作者及其诗作该如何编录？

由隋入唐者好办，毕竟人数不多，也没有大家。李密存诗一首，作于入隋前，他曾短暂归唐，瓦岗义举于唐有开辟之功，收不收都有充分理由，大不了另编一卷，凡人虽入唐、诗作唐前，或得见唐王朝成立，却依附割据政权，始终没有仕唐者，皆收此。

麻烦大的是五代十国入宋者，人多，存诗也多。怎么办？前人有定例，凡入宋后作品太多者，可以仅收入宋前诗，若徐铉、李昉皆如此，我当然从善如流。前人还有一例，即十国降主本为人主，人虽归宋，诗不算宋诗。我虽循现代理念，人主首先是人，归宋，也拥护赵家，为什么《全宋诗》就不收？但特事特办，故李煜、钱俶可以完整收录，仍是好事。北汉末主刘继元，归宋多年突然作诗一首，《全宋诗》硬不要，我不收都不行：北汉一朝，就存这一首诗，毕竟还是培养过杨老令公的有文化的王朝。

从南宋以来，有好几位诗人一直被认为是唐人，且留有诗集，比如刘兼、王周，各唐诗选本都收他们的诗。明末胡震亨编《唐音统签》时，发现刘兼"集中有《长春节》诗，为宋太祖诞节"，王周集中"有汉阳军、兴国军，为宋郡号，殆五代人而入宋者"，都存疑而收入。我再追究，知刘为长安人，宋太祖乾德三年（965）自起居舍人通判泗州兼兵马都监，开宝六年（973）参与修纂《五代史》，七年为盐铁判官；太宗太平兴国三年(978)，与张洎等同知贡举。又曾官荣州刺史。断定他生于五代后期，诗集则全为入宋后作。王周应该更晚，就是王安石知鄞县时的那位明州王司封，时间到仁宗时了。只是从考证的可靠程度来说，前者可百分百地做结论，后者仅有十之五六的把握。

再有谭用之，多年前因毛泽东化用他《秋宿湘江遇雨》"秋风万里芙蓉国，暮雨千家薜荔村"一联，写过"芙蓉国里尽朝晖"，为人所知。他的七律，确有特色。谭之生平，我穷尽文献加以追究，仅知他字藏用，善为诗而官不达。居嵩洛，与王景纯、左嵩为友。又曾至湖湘，五代末至宋初在世。依据材料是两则。一是宋尹洙《河南集》卷一二《王曙神道碑》："考景纯，少客燕地，感家世儒者，不当用材武进，乃南游嵩洛，得左嵩、谭用之者为之友，寖以文称。还太原，至境上，时刘氏方据其地，叹曰：'天下将定，以区区一方支天下兵，此危国也。'遂不入，止上党。帅延致幕府。府罢，不复作吏，购四方书，或手抄之。晚年书数千卷。端拱中终京师。"所讲是王景纯的事迹，附带提到谭。谭诗有《寄左先辈》，殆即左嵩。据此知王、谭交游在刘氏割据北汉期间，但谭未附北汉。《全五代诗》卷一〇〇列谭入北汉，全出假想。《宋史·文苑传》云"开宝初……有颖贽、董存、刘从义善为文章，张翌、谭用之善为诗"，时距宋受周禅方十年左右。也就是说，谭之可知事迹都在宋初二十年内，可知他出生于五代中期，诗因《唐诗鼓吹》《唐诗品汇》之收录而广传天

64

下,但目前看不到入宋前的作品。该怎么办?

还可以说到五代末到宋初以衡山为活动中心的一群诗人,知有廖融、翁宏、王元、李韶、狄焕、曾弼、王正己、任鹄等十多人。最有名的诗是翁宏《宫词》中"落花人独立,微雨燕双飞"两句,晏小山录入词而成不朽经典。核心人物是廖融。廖氏为虔州豪族,唐末依附湖南马氏而崛起,以仕宦、文学显。廖爽是第一代,廖匡图、廖匡齐、廖匡凝是第二代,廖融不仕,是第三代,后四人皆有诗传世。廖融这群人的记录,来源于宋前期的几种笔记和地志、文集,有绝对年代者,几乎都在宋太宗朝。然而宋、明两代都视他们为唐诗人,从研究廖氏家族文学与五代宋初衡山文学来说,也有必要保存他们的作品。我现在的办法是,将他们划定为一个朋友圈,另编一卷,在卷首说明始末,让读者自行判断。

再说两《南唐书》有传的人物。如罗颖,《马氏南唐书》卷二三有传,南唐亡后,他在宋再应乡举下第,经汉高祖庙,题诗云:"嫚侮群豪夸大度,可怜容得辟阳侯。"诗入宋后作,表达的是不容于新朝的牢骚,似乎又不能删除。再如邵拙,《马氏南唐书》卷二二有传,入宋后应制举,未发榜而卒,据说其诗有"万国未得雨,孤云犹在山",为名位未达之谶。水部郎中赵庆誉其为"迈古文章金鸑鷟,出群行止玉麒麟"。《全唐诗》收二人诗,估计断为入宋未久之事。但《舆地纪胜》卷四六载:"本朝邵拙,宣城人。咸平中寓于舒,就应制科。"这时距离南唐之亡,已经二十五年了。估计《马氏南唐书》所据为龙衮《江南野录》，而忽略了后者叙事到仁宗朝。

编录一代全诗，目的是储材备用，满足各路学者之需求。唐诗传本复杂，加上人事纷纶，典籍歧互，处理稳妥很不容易。我从事斯役，倏忽已三十八年，与早年之好意气用事不同，文本之可靠与否，从百分制刻度来说，有几分把握，早已心知肚明，关键是如何表达更稳妥。写出来向读者请教。

跋上海图书馆藏汲古阁影宋写本《极玄集》

唐姚合编选《极玄集》，是今存唐人选唐诗中极重要的一种。不仅因编选者姚合是中晚唐之际的重要诗人，且因此书有强烈的标举诗派的倾向。

姚合，吴兴（今浙江湖州）人。《旧唐书》卷九六及《新唐书》卷一二四《姚崇传》附有其传，甚简略，仅知他是玄宗朝名相姚崇的曾侄孙。经学者反复考证，知他于元和十一年(816)登进士第，曾任武功主簿。中年后官稍显，曾任金州及杭州刺史。至其终官，则有给事中或秘书少监之说。他的存世诗集称《姚少监诗集》，即采信后一说。《书法丛刊》2009 年 1 期发表洛阳所出姚合及其妻卢绮墓志，提供了他生平的完整记录，许多内容以前不知道，如他字大凝，父亲是临河令姚闿，早年曾寄家邺城（今河南安阳），又曾隐居嵩山。他卒于会昌二年十二月，年六十六，公历算来已到了次年，因此他生卒年的公元表达为777—843 年。他的最后官职为秘书监，也与李频诗《夏日宿秘书姚监宅》契合，旧作少监误。贾岛卒于姚合后八个月，今存姚诗有《哭贾岛二首》，足令人生疑。此皆可见墓志记载之珍贵。

《极玄集》篇幅不大，自序很简单："此皆诗家射雕之手也。

合于众集中更选其极玄者,庶免后来之非。凡二十一人,共百首。"所收以王维为首,包括祖咏、李端、耿湋、卢纶、司空曙、钱起、郎士元、韩翃、畅当、皇甫曾、李嘉祐、皇甫冉、朱放、严维、刘长卿、灵一、法振、皎然、清江、戴叔伦等,主体是天宝至贞元间追随王维诗风的一批诗人。所谓极玄,近似严羽所谓妙悟,王士禛所谓神韵,是对这派诗歌群体追求兴象禅味风格的概括,也构成了安史之乱到元和中兴之间唐诗的主脉。

《极玄集》旧传以明末汲古阁刊《唐人选唐诗八种》所收二卷本为常见。此本存诗九十九首,署"唐谏议大夫姚合纂,宋白石先生姜夔点",卷首除合自题外,又有姜夔几句议论,及元至元五年建阳蒋易题记。蒋题云"武功去取之法严,故其选精,选之精,故所选仅若此",他自述存"唐人诗几千家,万有余首","欲并镂诸梓而力有未逮,姑先此集,与言诗者共之",说明刊刻始末。据傅增湘《藏园群书题记》卷一九、傅璇琮《唐人选唐诗新编·极玄集前记》所考,存世几种明代刻本、抄本,皆出蒋本,蒋本元刊本已不存,仅清初何焯曾见过,且留下校记。

汲古阁刊《极玄集》,每位作者下均附有简略小传,以往一般均认为出自唐人手笔,特别重视。傅璇琮著《唐代诗人丛考》,确定大历十才子具体人员时,认为最重要的记录即该书李端下所载:"与卢纶、吉中孚、韩翃、钱起、司空曙、苗发、崔峒、耿湋、夏侯审唱和,号十才子。"既为唐人所述,最为可靠。与友人编《唐五代人物传记资料综合索引》,亦将《极玄集》列为一种。

上海图书馆藏明末毛晋影宋写本《极玄集》,不分卷,每页十行,每行十八字。傅璇琮根据"凡朗、玄、桓等字皆缺笔",据行款判断,"当仍出自南宋临安陈宅书籍铺本"。此本书首有"汲古主人""子晋""毛晋私印",为源出汲古阁之确证。书首收藏印有"三十五峰园主人""汪士钟印""徐乃昌读",书末有"结一庐藏书印",知嘉道间曾为苏州汪士钟(1786—?)所藏,稍后归杭州仁和朱学勤(1823—1875),清季或民初南陵徐乃昌(1869—1943)曾获读,可谓渊源有自。

以此影宋抄本与源出蒋本的明刊本对校,有很多不同。其一是收诗数,二本皆九十九首,但在戴叔伦名下,影宋写本有《送谢夷甫宰郧县》一首,明刊本无,明刊本有《赠李山人》一首,影宋抄本无。兼取二本,恰符百首之数。其二是明刊本各诗人下小传,影宋抄本全都没有,这就引起对《极玄集》小传来源与价值的讨论。就所有书证分析,《极玄集》小传中的所有内容,皆可以从唐宋典籍中找到出处。如前引李端下所录大历十才子之名,即据《新唐书·卢简辞传》。各传也颇多与史实出入处,如云钱起"终尚书郎、太清宫使",即沿宋人撰《诗史》(《诗话总龟》卷一〇引)之误,另云李嘉祐"大历中泉州刺史",也羌无故实。《极玄集》原本为一卷,唐末韦庄《又玄集序》曾提到,宋人著录如《崇文总目》卷五、《新唐书·艺文志四》、《直斋书录解题》卷一五,以及《宋史·艺文志八》,所载皆为一卷。可以判定明刊二卷本为后人拆分,《极玄集》所附小传也为后人增补。其人很可能即蒋易，当然也可能他当时所见本就是如此，改补的时间当不早于宋末。

我最初知道影宋抄本《极玄集》有存，大约是在1994年，傅璇琮先生因编校《唐人选唐诗新编》，嘱我替他到上海图书馆代校此本。一直听闻毛氏影写本之美名，初见之下，真赞叹全书一笔不苟，与宋刊几无不同。逐篇逐字校勘下来，不能不引起对明刊本的怀疑。将校勘记录转交傅先生时，我在附信中表达了所见。第二年与湖南陶敏先生应傅先生所约补订《唐才子传校笺》时，即将所见写出。虽似细枝末节，其实涉及傅先生成名著《唐代诗人丛考》中一半诗人的考订，在《唐才子传校笺》中，也有近二十位诗人生平之考订曾引及。此部分内容后来作为《唐才子传校笺》第五册《补笺》出版，傅先生通读全稿，予以采纳，在新版《唐人选唐诗新编·极玄集前记》中，更特别引及拙说。

以上所述，足见此影宋抄本《极玄集》之重要价值。也因此书，我回想起当年初读此本时的往事，特别是傅先生鼓励学术讨论，支持对他已刊著作予以纠订、鼓励发表的学术胸怀。应该说，最近几十年唐代文学研究各方面的繁荣，是与傅先生这样的许多前辈倡导学术多元、充分讨论分不开的。

影宋抄本《极玄集》，2013年收入《中华再造善本》，由国家图书馆出版社影印行世，一般读者也可以较方便地阅读利用。傅先生去世亦已三年，行文至此，更增追思与怅惘。

吕洞宾的最早记录

浦江清先生的名作《八仙考》,精彩之处是有关八人之原型与演变研究,特别是这一群体或个人在通俗文艺中的定位与变化。因成文较早,细节出入确有一些,比方吕洞宾传说的最早产生,他认为始于北宋庆历间的岳阳地区,就稍晚了一些。1983年,我撰《〈全唐诗〉误收诗考》(刊《文史》二十四辑,中华书局1985年4月)时,即揭出《皇朝事实类苑》卷四三引《杨文公谈苑》记载:

> 吕洞宾者,多游人间,颇有见之者。丁谓通判饶州日,洞宾往见之,语谓曰:"君状貌颇似李德裕,他日富贵皆似之。"谓咸平初与予言其事,谓今已执政。张洎家居,忽外有一隐士通谒,乃洞宾姓名。洎倒屣见之,洞宾自言吕渭之后。渭四子,温、恭、俭、让,让终海州刺史。洞宾系出海州。索纸笔,八分书七言四韵词一章,留与洎,颇言将佐鼎席之意。其末句云:"功成当落破瓜年。"俗以瓜字为二八,洎年六十四卒,乃其谶也。洞宾诗什,人间多传写,有自咏云:"朝辞百越暮三吴,袖有青蛇胆气粗。三入岳阳人不

识,朗吟飞过洞庭湖。"又有"饮海龟儿人不识,烧山符子鬼难看""一粒粟中藏世界,二升铛内煮山川"之句,大率词意多奇怪类此。世所传者百余篇,人多诵之。

《杨文公谈苑》是黄鉴记录杨亿谈话的一本专著,原书不传,今有李裕民辑本。《说郛》卷二一有宋庠序,知所载为杨亿晚年,即大中祥符末至天禧初所谈,记录不晚于真宗末年。上述二事,一为拜见丁谓于丁任饶州通判时,在他淳化三年(992)登进士第后不久,还是太宗时期,吕以李德裕预言他的前途。丁在真宗初告知杨亿,杨谈话时丁方为相,杨死后二年丁方贬窜南方,为杨不及见,而吕告丁似李德裕,其实包括为相与贬死两层含意,其神奇如此。张洎(934—997),《宋史》卷二六七有传,从南唐归宋,卒于太宗末,吕之造谒,更在其前。当时还引到《宋史·陈抟传》载:"关西逸人吕洞宾,有剑术,百余岁而童颜。""世以为神仙,皆数来抟斋中,人咸异之。"《宋史》虽成书甚晚,但所据多为宋国史,陈抟卒于端拱元年(988),为时更早。那时我推测"吕岩仙事疑为真宗时道士托名",似乎过分小心了一些。

1997年,拙著《唐代文学丛考》(中国社会科学出版社1997年10月)收入前文时,有较大增订,有关吕洞宾增加了张齐贤《洛阳缙绅旧闻记》卷三《田太尉候神仙夜降》的记载,说田重进移镇永兴(即长安),到泾州,遇道士张花项,张告"昨日街市,偶见仙人",即吕洞宾,重进信之,半夜候吕降,终未遇,且云"时人皆知吕洞宾为神仙"。张、田二人,《宋史》皆有传,田镇永兴为淳化三年(992),卒于四年后,张则在咸平四年(1001)以右仆射判永兴时"备知其事"。即在太宗中期,吕为神仙,在今关中已是众所周知的传闻。1990年代,研究八仙渐成风气,我也指导过一篇以八仙为题的博士论文。此节记载是否我首次举出,已经不记得,但因此而能将浦先生的说法推前超过半个世纪,还是感到愉快的。

是否可以再往前推呢?似乎很困难。从五代到宋初,有三部重要的神仙传记:一是杜光庭《仙传拾遗》,约成书于前蜀;二是沈汾《续仙传》,成书于南唐;三是《太平广记》,卷首有七十多卷仙传,成书于宋太宗初年,收书最晚为徐铉《稽神录》。这三书皆无吕洞宾记载,可以认为其传说还没有进入主流学者的视野。

那么吕洞宾自述家世是否可靠呢?前引杨亿所云"洞宾自言吕渭之后。渭四子,温、恭、俭、让,让终海州刺史。洞宾系出海州",为吕自言家世的最早记录。与后世称他为吕让之子不同,杨亿所云为"系出海州",即是吕让的后人,并非让子。吕渭墓志已在洛阳出土,为其长子吕温撰,拓本见《洛阳出土历代墓志辑绳》611页、《隋唐五代墓志汇编·洛阳卷》12册158页。录文见《唐代墓志汇编续集》贞元060、《全唐文补遗》四辑81页。吕家晋时迁居河东,吕渭曾祖项官济州录事参军,祖崇嗣为秘书郎,地位都不高。渭父延之,肃宗时任浙东观察使,渭至德宗时官至湖南观察使,方为显宦。其子温、恭、俭、让,皆有文名,温有文集存世,与柳宗元交厚,尤享时誉。让墓志也早已出土,拓片见《北京图书馆藏中国历代石刻拓本汇编》32册,录文见《唐代墓志汇编》大中107。让(792—854)为渭晚年所生子,七岁时父母皆亡,得诸兄提携成人,23岁登进士第,33岁后曾任海州刺史,在任时去豪右,抚孤鳏,收葬枯骨,招复流庸,较多善政,墓志多所赞许。在这以后他还担任过德王傅,贬太子洗马分司东都,复为濮王傅,改秘书监致仕。也就是说他最出色的政绩在海州,但海州并非其终官。吕洞宾自述称他为海州,并自称为他后裔,很可以玩味。海州即今江苏连云港,从汉晋以来,即多神仙传说。吕洞宾若宋太宗中期还在世,距吕让去世,至少已经一百三四十年,当然不可能。但如为吕让后裔,或者说吕让留在海州一脉之后人,比如曾孙,甚或顶冒或传说之后人,均属可能。如果出生在唐末至五代初,宋太宗时七八十岁,身体健康还能四处奔走,再加一些夸张和虚构,应属可能。南宋后传他咸通间因科举落第而隐遁求仙,就很不可信了。

我一直以为,吕洞宾传说为宋人编造,宋以前全无痕迹可寻,近日因一则记载而稍有改变。宋初乐史《太平寰宇记》卷一○九《吉州》载:"雪浪阁,在县北崇元观。吕洞宾有诗云:'褰裳懒步寻真宿,清景一宵吟不足。月在碧潭风在松,何必洞天三十六。'"此则亦见《舆地纪胜》卷三一转引,但似乎没有引起编

74

录唐诗与研究吕氏仙事学者特别的关注。作《全唐诗补逸》的孙望先生，据《太平寰宇记》补录了郑畋题梧州白鹤观诗，却没有看到此诗。《太平寰宇记》成书于宋太宗太平兴国年间，以宋初十三道记述全国政区建置，地名变化截止于太平兴国后期（下限为983年），所收文学作品最晚者，为该书卷——一《江州》录南唐相里宗题远大师塔诗："古墓石棱棱，寒云晚景凝。空悲虎溪月，不见雁门僧。"该书作者乐史（930—1007）是抚州宜黄人，初仕南唐，他录吕题吉州诗，很可能在南唐时已有所知。这里他不是录传闻，录仙事，而是在叙述地方宫观时，录一首相关作品。换言之，这里的吕洞宾不是传说，是一位往日留下作品之作者。因此，此诗可以看作曾是诗人而非神仙的吕洞宾，最早留下的记录。

尴尬的《春秋》笔法

据说孔子笔削《春秋》,高标准绳,寄寓褒贬,乃至后代之乱臣贼子知惧,生怕做的坏事写入史书,遗臭万年。但凡笃信儒家之说者,对此都遵信不移,虽然没有人具体做过统计,哪些人知惧了,多少人知惧了,不管怎么说,效果总有一些。但如何实践贯彻,则一直没有成功的典范。有之,从欧阳修始。

欧阳修出生时,宋王朝建立已近半个世纪,学术风气和社会思潮都在急遽变化,显著特征是儒学返古复兴和尊夏攘夷正统观的萌动。欧阳修出身低微,因文学才华跻身精英,领略到风气变化,也立志要引领风气。他的疑经,不拘汉唐旧注,以己意解经,开始都很早(可参拙文《欧阳修著述考》,《复旦学报》1985 年 3 期)。三十多岁就准备新著五代史,最初拟与尹洙合作,尹早死而决意独撰,中心主旨就是用儒家的褒贬史学,俗称《春秋》笔法,重新编纂近代史。具体做法是合五代为一史,又按血统区分五代十三帝为八家,设立类传,以专事一朝者立《梁臣传》《唐臣传》,事数朝者则入杂传,又立类传,如《死节》《死事》《一行》等传表彰名节,立《唐六臣》《义儿》《伶官》《宦者》等传贬斥势利,行文间在在处处寄寓褒贬。这当然是立意很高,据说书出后宋代士风顿时大变。虽然我总有些疑问，但陈寅恪相信，不容人不信。

欧阳修一生似乎对此并不果于自信，直到去世都没交稿。他更困惑的是贯彻全书以褒贬笔法寓微言大义，如何让读者体会他的用心。他的办法是让学生徐无党作注，在正史编纂史上开创了史书与注释同时完成的范例。就注的内容看，更似欧阳夫子自道，若北宋吴缜就认为他"授徐子为注"（《敬乡录》卷二引《五代史纂误》佚文），清人俞正燮也认为"疑欧自注而署徐名者"（《癸巳类稿》卷八《书五代史纂误》）。联系欧阳修《与渑池徐宰》所云"仍作注，有难传之处，盖传本固未可，不传本则下注尤难，此须相见可论"。大约徐是他的助手，参与部分工作，即作顺水人情，注署徐名，也解决了阐发义例的难题。就全书看，徐注集中在本纪部分，列传所存寥寥，《十国世家》多说文献依据，《四夷附录》仅一则说明契丹年号，显然都属作者自述，与注者无涉。

欧阳修中年后名声大振，受委主持《新唐书》的编纂。在他以前，该书已经编修多年，久无进展，欧参与后尊重原来分工，列传仍由宋祁负责，他自领本纪、志、表部分，仍坚持《春秋》笔法，最终告竣。《新唐书》是官书，不能再请学生作注，但义例仍要阐明，这次是请参修者吕夏卿另著《唐书直笔》来说明。该书四卷，卷四为新旧书增删改易的具体说明，为"事增于前，文省于旧"作全面清点，前三卷皆解说义例，可以看作欧阳修团队的集体意见,而非如《郡斋读书志》云吕氏"在书局时所建明,欧、宋间有取焉"。

五代习称乱世,不似三国还有蜀汉一脉,欧阳修要找到正反面典型都很难。正面者,《死节》其实仅得王彦章一人,《死事》稍多,《一行》四人,皆不甚著名。他特别谴责者:一是以唐社稷授梁之所谓"唐六臣",谴责其为"庸懦不肖、倾险狯猾、趋利卖国之徒",其实这些人只是无实权而仰人鼻息的文臣而已。二是义儿,认为是人伦崩坏的标志,"干戈起于骨肉,异类合为父子",其实义儿是出身孤贫的军阀仿效世族、笼络群下的手段,责之亦过深。三是宦官,沿唐积习,五代时期恰好并不太严重。四是伶官,仅限庄宗一朝。最大的"躺枪"者是冯道。冯出身孤寒,积学进身,仕宦几十年,不改农家本色,在不太理想的政治环境中努力行善,他的自述诗"但知行好事,莫要问前程","但教方寸无诸恶,狼虎丛中也立身",堪称难得。《周实录》本传称他"在相位二十余年,以持重镇俗为己任",至有与孔子并论者。《旧五代史》本传赞已质疑他"事四朝,相六帝,可得谓之忠乎"? 欧阳修更进一步谴责他"可谓无廉耻者矣",反不如民间女子能"自爱其身",这是责历史人物所不能。

欧阳修倡正统论,特别看重血缘宗亲的合法性,这是宋人的认识。他将后唐分为三家,即武皇一家、明宗一家、末帝一家,在当时并无区分,那时重在掌握军队之实力。他认为后周世宗以养子即位,另成一系,其实世宗始终没有回归柴姓,在位皆姓郭，今日各历史年表皆书其名为柴荣，未必妥当。

再是梁政权之合法性。梁篡唐自立，败于后唐，其后各朝到宋，都是后唐一系的延续，直到宋真宗时修《册府元龟》，仍以梁为闰位，否认其正统性。欧阳修不以梁为伪，在当时就很有争议，他虽举《春秋》四例以自解，总难获得共识。南宋后或干脆以南唐为正统，以中朝五代为僭夺，全不考虑本朝的合法性，走得太远了。

唐五代两部旧史，本纪都极其繁冗，初因删略实录而成。新史删繁就简，确有此必要。徐注云："当杀曰伏诛，不当杀者，以两相杀为文。"《唐书直笔》："将以辱命而诛，书斩于军中。"多少丰富复杂的事实，就在这《春秋》大义前变成断烂朝报了。再如命将作战，徐注云："用兵之名有四：两相攻曰攻，以大加小曰伐，加有罪曰讨，天子自往曰征。"《唐书直笔》："将得人，书帅师，讨有罪，书伐。""将非其人，书王师，伐不得罪，大战书及。"又《唐书直笔》："方镇违命，擅甲兵以侵轶，其首酋恶，故不书将。"秉此原则，《昭宗纪》每月都有朱全忠陷某地的记录，完全不论执行攻取的是谁，书首恶也。

我在早年甚迷欧阳修的史学，后来读了《通鉴》，方知司马光不取《春秋》笔法而务求事实真相之有识。当然，对司马光深致不满者也大有其人，如朱熹，作《通鉴纲目》比欧阳修走得更远。大儒们都有充分自信，只要坚持褒贬，必然会使作乱者良心发现，知惧而不为，殊不知燕王朱棣当然是乱臣贼子，但他成功了,子孙绵守社稷二百多年,乱臣贼子就是正统所在。那就算了吧。

　　还好存世文献丰富,学者可以作多元解读。倘若后世仅存两部义例谨严的新史,所有人和所有事都在好、坏两边自动站队,实在很无聊。

司马光的团队

　　如果要评选中国一千年来最伟大的史学家,我会毫不犹豫地投票给司马光,当然是因为他的伟大著作《资治通鉴》。在他以前,虽然主要史书有纪传、编年两体,但纪传体的体例是本纪略具提纲,列传专记个人,至于一件史事的来龙去脉,则非反复研读史书,无法理清头绪。编年虽历代皆有其书,或过于简略,或仅及一代。唐初兴起编年体的实录,继任皇帝要为先帝一朝修实录,很好的创意,但本朝修本朝事,要求真相,那就难了。司马光在政治上失意之际,硬是坚持工作十九年,将公元前403年到公元后959年长达1362年的历史,在占有全部文献的基础上,逐年逐月逐天排比史事,用通晓畅达的语言表达清楚,台面上的理由是为皇帝治理天下提供借鉴,主要目的还是将这些年的重要史实全部梳理清楚。南宋后讲史艺人都以此书为工作底本,更发挥了向民众普及的价值。

　　司马光如何能取得这样伟大的成就?可以举出个人学养、皇帝支持、助手得力、史观通达、亲力亲为、坚持始终等原因。其他人也有机会得到这些条件,为什么只有司马光能成功呢?我认为主要原因是以司马光为中心的团队的通力合作,加上司马光始终亲自执笔,方得成功。

司马光修《通鉴》,最直接动机是他编年叙述先秦时期的史书《通志》得到英宗赞许,且要求他扩展至有宋立国以前。继位的神宗继续支持,恰好他与主政者王安石政见有分歧,于是退居洛阳,专事著述。皇帝倒也理解,让他史局自随,提供经费,配备助手。所谓助手,就是名分仍是朝廷官员,职守仅是编书。司马光挑了刘攽、范祖禹、刘恕三位,学问好,史有专攻,乐于协作,政见也接近,不然常起争执也不好。

这三位助手可以略作介绍。刘攽(1023—1089),字贡父,仅比司马光小四岁,但成名甚早,是北宋最著名的汉史学者,宋时《汉书》经他校刊方通行,著作亦多。《通鉴》开修,他以知曹州入为国史院编修官。因汉史有《汉纪》《后汉纪》两部编年史可为基础,《通鉴》汉代部分成书较早,因而他离开团队的时间也较早。范祖禹(1041—1098),字梦得,三人中年龄最小。他双亲早亡,由叔祖范镇抚养成人。司马光与范镇为莫逆友,因选定他。入局初他方年少得意,司马光指点他仕进不可有贪心,得以尽改旧习,专力修书十五年。其中最繁芜的唐代部分,由他专主其事。他后来奏进自己的著作《唐鉴》时,自述"臣昔在先朝,承乏书局,典司载籍,实董有唐。尝于绅次之余,稽其成败之迹,析以义理,缉成一书。"南宋高宗通读二书,认为"读《资治通鉴》,知司马光有宰相度量;读《唐鉴》,知范祖禹有台谏手段"(《贵耳集》卷上),即看到两者的联系与不同器局。刘恕

(1032—1078)，字道原，是司马光主贡举时的门生。他一生精力几乎全部尽瘁于《通鉴》，在书成前六年就因风挛疾去世。长编中，他承担魏晋南北朝和五代十国两部分，司马光视他为左右手。他本人从政经历几无可述，著作最重要的是《十国纪年》四十二卷，可惜没有传世，《通鉴》的十国部分以此书删削而成，史料价值最高。

三位助手都是饱学之士，且都进士登第，愿意不计较自己的仕宦前程，给司马光当下手，当然是出自对司马光道德人品、学问识断的景仰与信任。而全书编纂得以顺利展开，更得益于司马光的规划得当，掌控有方。今存司马光《与范内翰论修书帖》，具体指导范祖禹如何编纂唐史长编，即以实录为基础，实录中事有涉及前后者，加注于前后事项下，然后要求"将《新》《旧唐书》纪志传及《统纪》《补录》并诸家传记小说，以至诸人文集稍干时事者，皆须依年月日添附。无日者，附于其月之下，称是月；无月者，附于其年之下，称是岁；无年者，附于其事之首尾。"即把当时能够找到的正史及其他与史实有关的记载，分年、月、日地加以编排，使无遗漏。然后再说明"有无事可附者，则约其时之早晚，附于一年之下。"并告知唐代文献中有涉及隋前、唐后者，亦摘出交另人。还有许多细节的交待，比如一年几次改元，以何年号为准，但凡仅属文辞优雅的文章、书写自己心情的诗歌，或"诏诰等若止为除官，及妖异止于怪诞，谈谐止于取笑之类"，则一概不取，但如果其间"或诗赋有所讥讽""诏诰有所戒谕""妖异有所儆戒""诙谐有所补益",仍请保留。细节交待如此清楚,保证团队工作之有序进行。

浩翰大书,又遵循上述的步骤操作,工作量是巨大的,据说留在洛阳的修书的残稿就装满了两间屋子。更可贵的是,司马光始终坚持亲自定稿,严格为自己制定额定工作量,将范祖禹汇录的《唐纪》长编每四丈截为一卷,规定自己每三天删订一卷,如果某天有事耽误了,后来一定要补上。他的身边常常只有一老仆听候差遣,夜里让老仆先睡,自己看书直至夜半方睡下。五更初即起来,点灯著述,夜夜如此。为防读书时睡着,他把一节圆木做枕头,称为警枕,若困倦睡下,枕头滚动,人即惊醒了。宋元时不少人见过司马光修书草稿,无一作草字,一丝不苟。文物出版社1961年曾影印司马光手稿一份,记东晋元帝永昌元年(322)史事大要,共29行,460余字,通篇正楷,字体规范。对此稿性质,学界有不同看法,或以为《通鉴》初稿,或以为是删改长编供书吏誊写的提示,等等。多年辛劳工作,严重影响了他的健康。他在《进〈资治通鉴〉表》中说:"重念臣违离阙庭,十有五年,虽身处于外,区区之心,朝夕寤寐,何尝不在陛下之左右。顾以驽蹇,无施而可,是以专事铅椠,用酬大恩,庶竭涓尘,少裨海岳。臣今筋骸癯瘁,目视昏近,齿牙无几,神识衰耗,目前所为,旋踵遗忘。臣之精力,尽于此书。"这一年是元丰七年,他六十五岁,离开朝廷已经15年。皇帝很少催促,但他始终朝夕抓紧,终克有成。书成之时,他的身体已经极度衰竭,两年后即去世,真是"精力尽于此书"。

今人作科研,喜讲团队合作。以《资治通鉴》为例,没有三位助手的倾力合作,没有团队核心司马光的亲自定稿,全力投入,这部伟大著作的完成是很难想象的。

读书种子刘恕

　　今人常讲往生者为大。与死者告别时,稍微讲一点缺失,都很不厚道。可是黄庭坚撰《刘道原墓志铭》,偏要说他平生有二十失:"佻易卞急,遇事辄发;狷介刚直,忿不思难;泥古非今,不达时变;疑滞少断,劳而无功;高自标置,拟伦胜己;疾恶太甚,不恤怨怒;事上方简,御下苛察;直语自信,不远嫌疑;执守小节,坚确不移;求备于人,不恤咎怨;多言不中节,高谈无畔岸;臧否品藻,不掩人过恶;立事违众,好更革应事;不揣己度德,过望无纪;交浅而言深,戏谑不知止;任性不避祸,论议多讥刺;临事无机械,行己无规矩;人不忤己,而随众毁誉;事非祸患,而忧虞太过;以君子行义责望小人。"似乎讲了二十失还不够,继续讲他有十八蔽:"言大而智小,好谋而疏阔,剧谈而不辨,慎密而漏言,尚风义而龌龊,乐善而不能行,与人和而好异议,不畏强御而无勇,不贪权利而好躁,俭啬而徒费,欲速而迟钝,暗识强料是非,法家而深刻,乐放纵而拘小礼,易乐而多忧,畏动而恶静,多思而处事乖忤,多疑而数为人所欺。事往未尝不悔,他日复然,自咎自笑,亦不自知其所以然也。"当然,这都是死者生前自省的文字,原文没有保存,仅见于墓志。黄庭坚也是知书达礼之人，想来若非死者遗嘱，也是应家人要求，不会恶意唐突。

那么，这位刘道原是什么人呢？

道原名恕(1032—1078)，江西筠州人。其父刘涣，字凝之，仕途不顺，且看不惯官场陋习，五十岁就弃官归隐庐山下，以读书为乐。同年进士欧阳修激赏其为人，作古风《庐山高赠同年刘中允归南康》宠行，有"策名为吏二十载，青衫白首困一邦。宠荣声利不可以苟屈兮，自非青云白石有深趣，其气兀硉何由降"，实在是一位不随世沉浮的高人。凝之藏书富甲一方，刘恕更是颖悟俊拔，读书过眼皆能成诵。据说他四岁时，客人说到孔子无兄弟，刘恕即答："以其兄之子妻之。"引《论语》以驳之，客顿觉失言。十三岁时，见宰相晏殊，反复问政事之要，晏殊被他问得无言以对。十八岁，举进士及第，所试经义各科皆为第一。那时司马光也还年轻，为贡院属官，见主考问《春秋》《礼记》大义二十条，唯一人所对最精详，擢为第一。揭开糊名，方知是刘恕。司马光因此与他认识。十多年后，司马光受命著《资治通鉴》，自辟助手，首先想到的就是刘恕。此前刘恕担任几任小官，虽自负经济大略，为官只认死理，抚孤鳏、挫豪猾是有的，但官场人事则日益紧张。据说王安石搞变法，也想拉拢他，二人见面，他坦率到直陈所见，是非了然，直说得王安石面色如铁，也就没有下文了。司马光向以直道著称，碰到刘恕，比他更直率锐利，好在司马光有宰相气度，能包容，合作十年而能始终不变。

《资治通鉴》开局后,司马光所聘三位助手,刘攽专治汉代,范祖禹专治唐代,分工比较清楚,其余三国两晋南北朝、五代十国,主要由刘恕负责,不仅时间跨度大,且国家分裂,战乱纷仍,最难叙述。三位助手中,刘恕出力最多,素有定论。范祖禹撰《秘书丞刘君墓碣》云:"道原为人强记,纪传之外,闾里小说,下至稗官杂说,无所不览,其谈数千载间事,如指诸掌。道原终身不治他事,故独以史学高一时。""道原于魏晋以后事,尤能精详,考证前史差谬,司马公悉委而取决焉。"司马光在成书后,为刘恕请功上《乞官刘恕一子札子》说:"恕博闻强记,尤精史学,举世少及。臣修上件书,其讨论编次,多出于恕。至于十国五代之际,群雄竞逐,九土分裂,传记讹谬,简编缺落,岁月交互,事迹差舛,非恕精博,他人莫能整治。所以攽等众共推先,以为功力最多。"当事人叙述,最可相信。刘恕死于《通鉴》完成前六年,没有见到全书完成。其父当时还在世,最可哀悯。

刘恕之著作,今存有《资治通鉴外纪》十卷,自述曾与司马光讨论《通鉴》何以不从三皇五帝叙述起,认为不必顾忌与《春秋》或《左传》的重叠。光不能赞同,乃自撰此书,始于西周共和元年(前841),讫于周威烈王二十二年(前404),与《通鉴》衔接。亡失者有《十国纪年》四十二卷。恕临终前告,仅《百官》及《公卿表》未完,由其子羲仲续完,司马光作序,对此书推奖备至。《郡斋读书志》引司马光跋此书云:"世称路氏《九国志》在五代之史中最佳，此书又过之。以予考之，长于考异同，而拙于属文。"且云："其书国朝事皆曰宋，而无所隐讳，意者各以其国为主耳。"所谓属文指讲史例或史法，于本朝皆不避隐，其坦率可知。《十国纪年》不传，自是史家不幸，但我也愿意相信其主体史料，已为《通鉴》十国部分所援据。只要以《新五代史·十国世家》部分与《通鉴》对读，就不难理解于此。

回到本文开始所谈刘恕自省的二十失、十八蔽来说，这是一位纯粹书生临终的觉悟。司马光《刘道原〈十国纪年〉序》："道原嗜学，方其读书，家人呼之食，至羹炙冷而不顾。夜则卧思古今，或不寐达旦。"吃饭、睡觉都在钻研学问，他会在意人际关系吗？仔细读此三十八过，可以说是对一般读书人陋习的全面概括。如"泥古非今，不达时变"，今人何尝不如此？"高自标置，拟伦胜己"，自己读书多，自我评价高，看得起的只有比自己学问更好的人。"任性不避祸，论议多讥刺"，大约知识人每每如此。"多言不中节，高谈无畔岸"，节是关键处，畔岸是边际，此类读书人甚多。"臧否品藻，不掩人过恶"，"人不忤己，而随众毁誉"，读书人总喜欢褒贬人物，很少明白为贤者讳的道理，与自己无交往、无违忤之人，也总喜欢随人之后，任意好恶。刘恕毕竟读书多，学问好，近千年前所说，仍能概括古今读书人的通病，不能不让人肃然起敬，猛然自省。

宋代好记者

　　记者是现代新闻从业者的通称。宋朝有邸报，没有新闻媒体，也就没有记者。请允许我借用记者即记录者的本义，介绍宋代最杰出的社会奇谈采访记录者——大学者洪迈。

　　传统笔记小说，大约可以分为志人、志怪及博物考证几大类，其文本来源，一是剪裁前人的著作，如《世说新语》《大唐新语》《唐语林》皆是，二是记录前人所谈，如《次柳氏旧闻》记柳芳传高力士的言谈，《松窗杂录》为李浚录早年听父辈谈论，三是道听途说，如《云溪友议》。当然也有闭门骋想、奇幻创作者，更是高手。宋初以来发生变化，部分笔记开始记录文本来源，或听某人所谈，或取资谁书，一一注明，大约孙光宪《北梦琐言》肇其端，司马光《涑水纪闻》开其流——后者为写本朝史做前期准备，逐一备注来源，以便考核审定。南宋王明清《挥麈录》，也是这样的著作。

　　洪迈父洪皓，使金不屈，《四笑江梅引》尤著名。其数子皆博学能文，洪适专治汉碑，因他努力，宋人所见汉石文本大多得到保存，洪遵以编刻《泉志》《翰苑丛书》而为世所知，洪迈尤享大名。虽然他多达一百又八卷的文集《野处猥稿》没能保存，影响我们对他诗文成就的看法,但《容斋随笔》八十四卷,以博闻通达傲视一代,广得声誉。当然,还有更伟大的著作,就是四百二十卷的《夷坚志》,由他独立完成,篇幅接近《太平广记》。

洪迈称自幼过目不忘,在博通经史群籍时,也饱览"稗官虞初,释老傍行",对各种歪门邪道抱有浓厚兴趣。采集怪奇传闻,始于二十岁时,到四十岁方完成二十卷之《夷坚甲志》,起步有些慢。此后时断时续,到七十二岁完成甲至癸十志,凡二百卷,采集故事2709则。他生命的最后十年,在退出官场归隐乡里后,倾尽全力,又完成二百二十卷,创造了中国小说史上的奇迹。

将退未退之际,洪迈自述:"老矣,不复着意观书,独爱奇气习犹与壮等。天惠赐于我耳力未减,客话尚能欣听;心力未歇,忆所闻不遗忘;笔力未遽衰,触事大略能述。"老迈而耳力、心力、笔力都未衰减,好奇习气依旧,那就保持童心,不改本色吧。越老,他的工作效率越高,《支乙》历时八月,《支庚》仅四十四天即告竣,《支癸》则三十天收工,他自己也惊叹:"世之所谓拙速,度无过此矣。"

洪迈深谙"作诗火急追亡逋,清景一失后难摹"(苏轼诗)的道理,他"每闻客语,登辄记录,或在酒间不暇,则以翼旦追书之,仍亟示其人,必使始末无差庚乃止"(《夷坚支庚序》),这种工作态度,与现代媒体记者有什么不同?凡听到的各种奇谈,多数当时就拿出小本子记录,当然也有酒席上的谈论,记录不便——他是大官,是主人,场面上总要招呼——即便如此,次日早点起来,将听到的故事马上写出,让谈者再看一遍,有没有不准确的地方。记者的工作流程如此完整,虽然年过七十,仍如此激情工作。

洪迈采编传闻,完全不计较讲者的身份,在他笔下既有周必大、范成大、陆九渊、吴械等名人,也有蒋丞相、朱丞相等高官,更多的则来自"寒人、野僧、山客、道士、瞽巫、俚妇、下隶、走卒",不计身份高低,职业雅俗,只要会讲故事,"凡以异闻至,亦欣欣然受之,不致诘"(《夷坚丁志序》),再好饭好酒地招待,有时不免还要留客付酬,都不在乎,能谈鬼说梦就行。张祝平教授著《夷坚志论稿》(中国文史出版社2002年),将洪迈所著书的文献来源作了详尽分析,可知早期多来自僚友官员之叙述,如王秬告27事,黄钧告19事,邓植、邓直清父子告87事,晚年则多得民间人士叙述,如资福院僧显章、乐平游士孙千里、道士杨昭然、术士徐谦、居士徐熙载,甚至如福州老妪、尤溪坑户等。如徐谦为饶州占卜者,两目皆盲,但谙于历法、星占,为洪迈讲了43则故事。当然,洪迈一直没有停止阅读,而前人著作中曲折离奇故事而不为世所知者,他也偶有改写发挥。他的名声大,也有民间人士鼓励他将沉寂不显的著作摘取以传,如乡士吴潦就出先人所著笔记,请他摘录,洪迈自称"剽取三之一为三卷"(《夷坚支庚序》)。各地友朋知他此一爱好,得到异闻,也会千里奉告,不认识者驰书奉料也不少。

其实，家人对洪迈的这一特殊爱好，并不支持。说来也是，高官退老，七八十的人了，早该优游林下，结侣云泉，早睡晚起，事佛修道，结三生善缘，或"熊经鸱顾"（《夷坚三丁序》），练练筋骨，干吗天天请一些不三不四之人，作胡天胡地之谈，贪夜写作，"殆非老人颐神缮性之福"，对身体没一点好处。他家子弟不断啰嗦，他也想痛革前非，但仅几日，就发现"膳饮为之失味，走趋为之局束，方寸为之不宁，精爽如痴"，浑身不自在，于是故态复萌，告诉子弟"故从吾志，以竟此生"（《夷坚支壬序》），这辈子只能如此打发了。

《夷坚志》书名来自《列子·汤问》，说鲲鹏之事，"大禹行而见之，伯益知而名之，夷坚闻而志之"，即怪奇之事，作者听到就写下来。洪迈是学者，他对传闻有兴趣，始终只是忠诚的记录者，写定还要核实，多年后发现与事实有出入还加删订，这不是虚构创作的态度，也使他的著作达不到《聊斋志异》的高度。但因他不加选择的忠实记录，却如同《清明上河图》般地展开南宋下层社会的浩瀚长卷，民生艰辛、吏治腐败、民间信仰、日用百事，乃至淫巫敲诈、田产侵夺、谋财害命、孝道沦丧、节操松弛、欺诈百术、狱事惨酷，等等，都从下层人士口中讲出，在他笔下写定，无不具体生动。《夷坚志》是传统志怪笔记的异类，它的叙述广度和深度超越了时代，虽然存世仅全书之半，仍规模空前，值得重视。

宋代官员待遇优裕，退闲后仍高俸优养，洪迈晚年能专心从事喜欢的写作,得益于此。另一个特殊案例是宰相周必大退归吉安后,组织地方学者校勘《文苑英华》《欧阳文忠公文集》,使一批默默无闻的地方学者得以写下学术史上浓厚一笔。老有所为,老有所乐,洪迈是一位成功者。

张祝平教授任教于南通大学,相识已久,但不知志业所长。在书肆得其书,置闲甚久,偶检而惊喜,既知洪迈之晚年敬业,不循时俗,更叹张著之分析精密,表述有识,故特为表出之。

贾似道的困局

张春晓博士近年花大力气,将十多年前的博士论文《乱世华衣下的唱游——宋季士风与文学》作了大幅重写,新增约当原稿两倍,改题《贾似道及其文学交游研究》付梓。嘱我写序,从命交稿后,不免仍有许多感慨,顺便写出。

南宋之亡,后人都归咎于一代权奸贾似道,似乎换个人当国,历史就会完全重新书写。这是传统褒贬史学的必然结果。最近几十年流行的新史学,则转向从更广阔、更精密,也更具层级区分的方式,来书写、分析、研究历史发展的多维途径。春晓借鉴了其中一些方法,如真相还原、动态描述、点面结合、接受传播,等等,在穷竭相关文献的基础上,展开多视角、全方位的探讨,对政治、军事、文学、艺术、社会生活、人际交往等不同层级的问题,综合起来加以分析判断,如浩瀚长卷般地展开由贾似道及其同僚、朋友、反对派、入侵者共同构成的宋末文化生态,以求客观具体地评说其人其事,重审得失是非。这样,我们对贾似道这位似乎已经盖棺论定的历史人物,也得到许多新的认识。

贾似道之姊为宋理宗宠信的贵妃,但他入仕最初二十多年,却并非夤缘宫闱而晋身,而是长期在抵抗蒙古的最前线卓有成效地任职。他曾任京湖制置使兼沿江制置副使五年,当时襄阳已是最前线,他的主要责任是坚守沿江防线,为前线作后勤保障;又任两淮制置大使兼两淮安抚使十年,则已是苏皖前线的主要责任人,无论治军还是恤民,都有建树。当然最大功绩是援鄂退军,使已经危在旦夕的南宋社会重归升平。当时襄阳被困多年,四川、云南多数地方皆为蒙古所得,前线已经退到黄州、鄂州一线,南宋覆亡似已为期不远。当时认为贾出师后,进军神速,即日趋荆州,进夷陵,麾军赴蜀,再则据守汉鄂,剿贼于湘潭,又间路夜穿敌胁,移师九江;溯水而上,突袭大破白鹿矶。击败蒙古,忽必烈退师,南宋重生。现代学者都知道忽必烈退师的原因是蒙哥死后,他必须返归上京与阿里不哥争夺大汗位,当时恐怕贾未必尽知真相。这一功绩为他长期秉政留下足够资本,在败亡后也必然会被污以贪功冒胜的恶名。

援鄂大捷,贾似道勋名满天下,此后他秉朝政十五年。其实南宋安危,他本人最清楚。蒙古退兵是暂时的,早晚会卷土重来。办法只有一条,即改革图强,增加朝廷财力,抓紧强军防御。贾似道主政不久,就推出景定新政,实施回买公田、发行关子、推排田亩等经济举措,试图将他在地方实施有效的手段推行全局。然而他的新政遇到拼死的抵制,从基层地主、豪强,到朝廷显贵国戚,皆不愿推行。贾虽然从我做起,自己捐了许多,但仍无力推动。他不同于王安石执拗到底的性格,文人气较

96

重,做不成只好放弃,就随波逐流了。不过蒙古人迟早要来,那只靴子早晚要掉下来,他比谁都清楚。他广拥权力与财富,颂德之声不绝于耳,他本人的书生本色也发挥到极致。他勤奋读书写作,读书笔记《悦生堂随抄》达百卷以上,也始终有一批交往密切的文人诗词唱和,风雅自命,而他对书画碑帖、刻书刊帖,乃至器物收藏,都投入精力,富甲天下。他更深知盈满致祸的道理,从咸淳元年(1265)开始,几乎每年都提出一次或几次辞职,年轻的皇帝屡次降诏挽留。他的朋友们赞美他有仙风道骨,时有山水闲游之想,而反对者则不断指责他要君自重,以退为进。张春晓分析,贾似道的请退,从各次的上表来说,一是以公事招致积怨太多,二是身体每况愈下,症状明显,三是推以天意,实畏众议,忧谗畏讥。他在权力最盛时写《寒食》诗云:"寒食家家插柳枝,留春春亦不多时。人生有酒须当醉,青冢儿孙几个悲。"内心一片凄凉。可以认为他虽身居高位,欲进取则难有作为,欲退逊亦无路可退,进退失据,不知所从。或者可以说,他如果在国势相对平稳时引退,则以往日政绩尚可保青史好名声,今后山崩地裂,都已经不需要自己来承担责任。

该来的总会来的。忽必烈平定蒙古内部的纷争,再度挥师南下,南宋又告危殆。其间贾似道在半闲堂纵情声色,隐瞒军情,以虚假繁荣维持着浮华,最为人笔伐。其实他也难有作为。到咸淳十年(1275)初,元军渡江,进逼今安徽、江苏一带防线,贾似道再度临危受命,领军往前线。他在《出师表》中说:"臣以老病之身,遭时多艰,岂复能以驱驰自勉。""每念身虽危,可以奋励振;事虽急,可以激烈图。""孤忠自誓,终始以之。臣有三子三孙,留之京师,日依帝所,以示臣无复以家为意。否则苟免而已,宁不愧死于斯言哉! 深切迫切,拜表即行。"也很显悲壮。然而升平之时,强国强兵全无作为,临难应对,哪能希望有所成功。这次再没有援鄂时的机会了,他所率大军于池州鲁港溃败,虽逃回临安,但朝议已经大变。如谢翱,在贾出师时有诗相送,期待告捷归来,一俟兵败,即恶语诅咒。贾旋被免相,流放岭南,死于途中。周密《癸辛杂识》曾写到贾兵败南归后,"居家待罪,日不遑安",诸客皆散去,只有廖莹中仍朝夕不离。贾南贬前夕,与廖"痛饮终夕,悲歌雨泣,到五鼓方罢"。廖归家不复寝,服毒自尽,临死言"吾平生无负于主,天地亦能鉴之也",惨烈至极。

贾似道生前历尽繁华,身后污名累积,直到《宋史》将其列入《奸臣传》,一部分是咎由自取,一部分是承担了宋亡的所有罪责。他死后不到半年,临安降,继任宰相的陈宜中早就开溜了。只有圣贤书读得很入迷的知吉州文天祥,率领三千残老州兵,接过逃亡的二王,延续了宋末之残喘。

今天我们读《蒙古秘史》《史集》《世界征服者史》,读《黄金草原》,理解蒙古铁骑之不可抗御,所向披靡,被它征服的诸多王国城邦,并非一皆腐败失政。宋亡,贾似道当然要负重大责任,但百官士大夫,谁又能拿出根本改变国情、强军富国的办法呢？贾似道在相十五年，进难有所为，退更无归路，身处困局，不能早殒，终致身败名灭，其惟命欤！

　　好的学术著作，不要轻言褒贬，更不要刻意作翻案文章，但能展开事实，理清头绪，客观说来，不动声色，自有惊心动魄之力量，于春晓之待刊新著得之。

宋本之可重

清校勘学家黄丕烈自号佞宋主人，盖因其平生经手版本无数，多经手校，知宋本之难能可贵，乃心会自得之言。我近年通校唐诗，感亦如之，试述一二，与知者分享。

《庐山记》五卷，北宋陈舜俞撰，宋元屡见著录，清代传三卷本，仅得其半。较著者有四库全书本与孙星衍刊《守山阁丛书》本，与日存五卷本对读，知为五卷本前二卷之分拆。日存本为足本，卷三为《山行易览》与《十八贤传》，卷四为《古今留题》，卷五为《古碑目》及《古人题名》，皆清本所无。1983年我方辑录唐诗，初据罗振玉《吉石庵丛书》影印日本高山寺古写本取读，见其卷四录历代咏庐山诗歌，《全唐诗》未收者逾二十首，亟予辑出，复以罗氏校排之《殷礼在斯堂丛书》本和日人《大正藏》本比校，自谓穷尽善本矣。至2002年到日本访问，得福井大学泽崎久和《内阁本〈庐山记〉所收诗的本文及其校异和问题点》（刊《福井大学教育学部纪要》第四八号），始知内阁文库有完整宋本尚存，且有京都便利堂1968年影印本。

源出高山寺古抄诸本都有一些残缺漫漶，可补订者至多。如卷四，抄本显然有二处残缺。一在抄本江为《简寂观》下，抄本接抄："钱烬满庭人醮罢，西峰凉影月沉沉。到来往事碑中说，坛畔徘徊秋正深。"以为亦江作。宋本则下有二首佚诗，即张又新《游匡庐》："读史与传闻，匡庐擅高称。及兹浅游历，听览已可证。气秀多异花，景闲足幽兴。泉声隐重薮，狖影瞥危磴。崖壑相吐吞，林峦互绵亘。披藤入荒莽，打草成新峘。山近状渐奇，迹穷景逾胜。惬心忘险远，恣足只蹭磴。跻岭云外晴，出山岚已憎。回途眷犹顾，浚谷皆微崚。"张毅夫《春暮寄东林寺行言上人》："驻旆息东林，清泉洗病心。上人开梵夹，趋吏拂尘襟。游宦情田浼，拘牵觉路沉。炉峰霄汉近，烟树荔萝阴。溪浚龙蛇隐，岩高雨露侵。猿声云壑断，磬韵竹房深。危磴随僧上，云溪策杖寻。古苔疑组绣，怪石竞嵚岑。欲问吾师法，衰年力不任。"下接孟宾于诗《归宗寺右军墨池》："澄月夜阑僧正定，风生时有叶飘来。几人到此唯怀想，空绕池边又却回。"此三首诸书皆不载，后接上引《简寂观》，为孟作而非江作。

二在匡白二诗后，下接僧应之《西林》："寺与东林景物齐，泉通虚阁接清溪。树从山半参差碧，猿向夜深相对啼。岚滴杉松僧舍冷，月明庭户鹤巢低。徘徊寻遍幽奇处，已有前朝作者题。"《全唐诗》无应之其人，然《马氏南唐书》卷二六、《宋高僧传》卷三〇皆有其传，《崇文总目》卷五录其集，《宣和书谱》卷一一载其书，日本驹泽大学图书馆存其著《五杉练若新学备用集》三卷，得其佚诗，弥可珍贵。应之下录僧修睦诗四首，《留题东林寺二首》，其一前此仅见《永乐大典》卷八七八二引《九江府志》有引,题作《山北东林诗》,其二旧见《舆地纪胜》卷三○引"底事康庐住忘回,其如幽致胜天台。僧闲吟倚六朝树,客思晚行三径苔",今知首句"康"当作"匡",宋人讳改,后四句为"明月入池还自出,好云归岫又重来。不知十八贤何在,说着令人双眼开",补足了全诗。

抄本有误脱者,亦得补出。如沈彬《简寂观》,抄本首二句有漏抄,《殷礼在斯堂丛书》作"山藏胜境当□□,□□楼台洞府开",我从押韵考虑,改为"山藏胜境当楼台,□□□□洞府开",宋本作"山藏胜境当山面,云散楼台洞府开",罗是而我误。再如徐知证《题东林寺联句》,抄本多有残损,宋本补出一位赐紫僧作者,于钟敬伦诗增出"望绝路歧虽杳杳,引来车马更憧憧"二句。江为《简寂观》,抄本末句缺六字,宋本作"尽被流年减鬓毛",得补足。

唐集宋本,近年陆续刊布,台湾所存,近年也陆续得见。如宋蜀刻本唐集,上海古籍出版社多年前影印大陆所存 23 种,台湾所存《欧阳行周文集》,世界书局已印;张籍集存二宋本,《续古逸丛书》收《张文昌文集》四卷,末似有缺,台湾存书棚本《张司业诗集》三卷本之后二卷,以二本交合部分对读,则一存前部之五分之四,一存后部之三分之二,二者拼合,适可得宋本之足本。此吕正惠教授告我,并赐示文本,对校中于文本得大量胜义,惜中华书局所刊校注本未及征此也。

清人重视宋本,若不能得,或出重金请人影写,其精妙有可全同宋本者。犹记1992年夏，傅璇琮先生方校唐人选唐诗，告我上海图书馆有清初汲古阁影宋抄唐姚合《极玄集》一卷，嘱我代校。阅后知诗有一首不同，最重要者则作一卷不是二卷，且汲古阁刊《极玄集》二卷中各诗人小传，影宋本全无，应为元明间人补入。傅先生等编《唐五代人物传记资料综合索引》曾以《极玄集》小传为唐人作而编以索引，傅著《唐代诗人丛考》讨论大历诸诗人生平，也屡以此为起点。因此一影宋本得澄清许多事实，我将所见写出，傅先生不以为忤，收入其主编《唐才子传校笺》第五册。傅先生殁已经年，述此忧然怀感。

近期中华书局出版《清名家影宋写本九种(外一种)》，其中若《李群玉诗集》《碧云集》，宋本清末归邓邦述群碧楼，今存台湾。影宋写本本属备份，价值不免减损，但如宋本不存者，如秦系《秦隐君诗集》，即特别珍贵。其卷首有北宋吕夏卿序，末有南宋初张端跋，存秦氏生平与文集流传线索，为他本所不载。傅增湘曾持与通行本对校，"增订竟达百许字，为之忻快无已"。我近日持校一过，知此本次第与后刊各本皆不同，至文本之优，如《山中赠张正则评事》：各本"赠"或作"与"，或作"寄"；次句"自注五千言"，《全唐诗》作"师事五千言"，差别很大；"山容邀上客，桂实落华轩"，《全唐诗》不误，活字本、席本"华轩"作"前轩"，《唐诗纪事》"山容"作"山茶"。一首诗即有五字不同，因有此善本在，可以得最妥当之定夺。

屡与学生言,学问要有富贵气。治古代文史者,臻此并不难:一要多读书,不要露出腹笥俭薄;二要讲究引书版本,不要动辄皆是四库本;三要宏微兼顾,多注意细节和个案之讨论。其实,大多宋本都已影印,并不难觅,唯读书者心中要存此讲究,求此精致。

元好问的大节

"问世间情为何物，直教人生死相许。"金庸小说中流传最广的名句，其实出自金元间大文学家元好问笔下，仅"人"字为金庸所加，并将上句"人间"改"世间"，以适合现代人理解。这首词习称《雁丘辞》，词牌《摸鱼儿》，有序云："乙丑岁赴试并州，道逢捕雁者云：'今且获一雁，杀之矣。其脱网者悲鸣不能去，竟自投于地而死。'予因买得之，葬之汾水之上，累石为识，号曰雁丘。时同行者多为赋诗，予亦有《雁丘辞》。"这一年是金章宗泰和五年(1205)，元好问十六岁，在往太原应试的路上，遇到猎户杀一雁，另一雁虽已逃脱，仍悲鸣不肯离开，竟投地自杀。雁之重情，感动了这位天才少年，乃买下双雁，郑重礼葬，作词颂之，一时和者甚多，今仍可见他的友人李仁卿和作，有"雁双双、正飞汾水，回头生死殊路。天长地久相思债，何似眼前俱去"之句。

然而元好问不幸处在天崩地坏的动荡年代，蒙古铁骑消灭金王朝的战争延续十多年，中原民众遭屠戮流离，生死惨痛，超过以往任何一个时代。元好问写下大量丧乱诗，叙述自己的经历，记录一个时代的痛苦。他在内乡、镇平任上，写《岐阳三首》，咏蒙古攻陷凤翔战事。朱东润先生说："好问诸诗，以七律为最高，七律诸诗，又以《岐阳三首》为最高。在这三首之中，充满了情感。悲愤、惋惜、怀念、怅恨，各种各样的情绪，而又音调铿锵，居全集之首，真是自有七律以来，不可多得的杰作。"这时还身处战事以外。次年入京为官，亲历蒙古进入汴京后的掳掠与屠杀，有《癸巳五月三日北渡三首》："道旁僵卧满累囚，过去鞧车似水流。红粉哭随回鹘马，为谁一步一回头。""随营木佛贱于柴，大乐编钟满市排。虏掠几何君莫问，大船浑载汴京来。""白骨纵横似乱麻，几年桑梓变龙沙。只知河朔生灵尽，破屋疏烟却数家。"《续小娘歌十首》，录二首："竹溪梅坞静无尘，二月江南烟雨春。伤心此日河平路，千里荆榛不见人。""太平婚嫁不离乡，楚楚儿郎小小娘。三百年来涵养出，却将沙漠换牛羊。"写出蒙古军将汴京城中宝物车运船载而北，中原千里荆榛，白骨纵横，三百年涵养的文明，就如同这些"楚楚儿郎小小娘"一样，驱赶到沙漠换取牛羊。时代之惨烈，超过了曹操笔下的汉末，杜甫亲见的安史叛乱，以及韩偓所经历的唐末战火。元好问记录下时代的惨酷，成就自己的不朽。

朱东润先生一生从事传记文学写作，用英国传记文学手法，揭示中国历史上不朽人物的生命历程和作品寄寓，开拓文学研究的新路。将近九十岁时，选定元好问为最后一部传记的传主。详尽阅读元好问的所有著作，阅读元氏同时代的作品以及史书后，在九十一周岁前夕，完成写作。先生九十岁有诗咏怀:"经行带索有遗篇,九十衰翁剧可怜。我与荣公同一瞬,尚思为国献残年。"这种精神值得永远记取。

记得1986年左右,与先生曾有过长谈。先生说根据以往的一般认识,选择元好问,很充分地阅读了元的文集和同时史料后,对元氏在金亡前后的从政为人,获得一些新的认识,并不全如前人所述为金源文宗,大节凛然,而是奔走南北,节义有亏。师前此所写传记人物,包括张居正、王守仁、陆游、梅尧臣、杜甫、陈子龙等,都是尽忠谋国、大节明朗的人物,先生作传记表彰他们的功名事业,激励民族正气。元好问与他们显然有所不同。先生说,九十岁年纪,没有精力更换传主,重新阅读文献。元好问先世出自鲜卑,虽高度汉化,正也不必以汉民族正统立场对他提出要求。前此写了许多人物,最后一位有些变化,也还是好事。

这里说到的大节,是宋明以来士人反复强调的人生选择,所谓忠于国,恤于民,孝于亲,信于友,皆是,大则为三纲五常,小则为仁义礼智信,即文天祥《正气歌》始终萦绕于中怀而不能轻忘者。先生对元好问的批评,集矢于他一生中的三件大事。

一是为崔立树功德碑。蒙古围金都汴京势急,金哀宗出奔,西面元帅崔立杀诸权臣,向蒙古投降,群小附和,请为崔建功德碑。先请王若虚,若虚自分必死,仍拒绝。后找来有文名的太学生刘祁,写成初稿,再请元好问大幅修改润饰,方得定稿。此后崔立败亡,元对此讳莫如深,坚决否认,但刘祁晚年著

《归潜志》，详记草碑始末。先生说："从刘祁和遗山两篇作品相比，他们之间是有相当的距离。但是刘祁并不讳言自己也参与其事；遗山则竭力洗刷，正因遗山亟于洗刷，愈觉刘祁的可信。从另一方面言之，遗山有《东平行台严公神道碑》《东平行台严公祠堂碑》《顺天万户张公第二碑》，能为严实、张柔作碑，当然也不难于为崔立作碑，因为从大义讲，三人的为蒙古前驱，其实是没有什么差别的。"

二是蒙古包围汴京之际，元好问上书蒙古宰相耶律楚材，歌颂其可当古之名相，并罗列"南中大夫士归河朔者"数十人，建议楚材"求百执事之人，随左右而取之，衣冠礼乐，纪纲文章，尽在于是"，向敌酋推荐今后可用人才。先生说："（元好问）斋戒沐浴，献书敌人的头子，歌颂他的萧曹丙魏、房杜姚宋之功。不但他自己如此做了，还要拉上一大批人，希望敌人主盟吾道，乐得贤才而教育之。在读到这篇对于中书相公阁下的作品以后，只感觉得是在发昏，莫非我是在头脑发昏，竟把《续小娘歌》和给中书相公阁下的献书作为一个作者的作品？莫非是有两个元好问，一个是同情人民，把吃苦受罪的人民认定是自己的血亲骨肉，一个是厚颜无耻，把满手血腥的敌人当作自己的再生父母？假若这就是文学，那么文学还有什么可以提出的价值呢？"

三是金亡以后，今人都赞赏元好问为保存金源文献做了可贵努力，先生则发现元在编管聊城后，依附割据者严实而得到照顾。先生特别注意到，在十三世纪前半期蒙古、女真及南宋的角逐中，山东出现四位强者，即杨安、李全、严实、张柔。前二人败亡后，严、张坐大，反复无常，残虐是逞，但元好问极力为二人唱赞歌。对《东平行台严公祠堂碑铭》，朱先生认为："好问对于严实的歌颂，是作出最大努力的，但是要从民族立场上看，是不无遗憾的。"又说："他对于严实、张柔这批朝秦暮楚，终于为蒙古屠戮中原人民的将士，周旋往来，尽情歌颂，已经是难于理解，及至《洛阳》这首诗，欲就天公问翻覆，那就更无从索解。假如天也发问，遗山的反复，居心何在，那又怎样作答呢？"又说："及至蒙古南来，不但对耶律楚材卑躬屈膝，即对于严实、张柔亦复歌颂备至。文人之为世所轻，正文人之所以自取，不能不令人为之三叹。"这些都是很严厉的批评。

人非圣贤，孰能无过，生当乱世，存活为难。先生反对以今人之立场来评说古人，但对古人之失德，也认为无避隐之必要。这是他写作传记的基本立场，且得以贯彻始终。

朱先生著《元好问传》，与他前撰各传一样，将元好问生前身后各百年间之大时代写出，并将元之一生行迹与文学建树写出，对他的委曲附从也不作掩饰，是当代人物传记中的佳作。此书1999年曾有整理本，由东方出版中心收入《朱东润传记全集》出版，稍有删节。本次由我整理，全部依据原稿，另找到一些未经装订的散稿，新增逾万字，由上海古籍出版社赶在朱先生诞辰120周年前夕出版，以为纪念。

清必万年清

题目这句,据说是唐诗,查四库全文检索,可以知道出自唐末诗僧贯休手笔,见《禅月集》卷一三。原题为《送卢舍人朝觐》,全诗云:

> 膻行无为日,垂衣帝道亨。圣真千载圣,清必万年清。
> 重德须朝觐,流年不可轻。洪才传出世,高甲得高荣。罕
> 玉藏无映,嵇松画不成。起衔轩后敕,醉别亚夫营。烧阔
> 荆州熟,霞新岘首晴。重重尧雨露,去去汉公卿。白发从
> 如雪,青云路有程。梦缘丹陛险,春傍彩衣生。既握钟繇
> 笔,须调傅说羹。倪因星使出,一望问支铿。

诗是作者在江陵送卢舍人入京朝觐之作,且写出其入京路线,为荆州启程,经过襄阳(岘首所在),由商於大道到长安。诗意很一般,不过说当代垂衣无为,帝道亨通,圣上圣明,政事清明,舍人青云有路,必能有机会为君王调羹,也就是说可以高任宰相。就诗说诗,也看不出有什么大问题。问题在于存世《禅月集》并非只有《四库全书》一种版本,就习见者来说,有《四部

110

丛刊初编》影印武昌徐氏藏影宋抄本,有《中华再造善本》影印上海图书馆藏清初影宋抄本,有清初毛氏汲古阁刊《唐三高僧诗》本,不太通行的还有明正德九年(1514)柳金钞本。一比读,发现此诗在收入四库时,有过多处改动。具体说:第四句"清必万年清",各本作"明必万年明";第八句"高甲得高荣",各本作"清甲得高名";第十七、十八句"白发从如雪,青云路有程",各本作"白发应从白,清贫但更清"。因为各本皆同,异文可以判断是四库馆臣所改。为什么要改呢?因为原诗中出现了敏感的违碍用词:"明必万年明。"在贯休,只是夸美本朝皇上圣明,江山万年,但在明清易代以后,性质就变了:前明若万年,我大清放什么地方?相信当年馆臣读诗至此,肯定惊出一身冷汗。如果是一个人,或下意识地摸一下脖颈,犹豫三秒,当即决定改。如果众人在场,则或沉默一阵,有长者言:"必为抄误无疑,唯我大清万年,宜加改正。"在贯休那时,朝代名都是地名或族名,哪会想到有什么明朝与清朝。事隔九百年,一切都已不同。馆臣改罢一处,发现"清"字与下犯重,写诗是禁忌的,于是再改。"清甲"本指清贵甲族,是就门第讲,改为"高甲"则就高中甲科讲,指科第,连带"高名"也改成了"高荣"。这里不仅为卢舍人送了科第,也为后人研究唐代科举名词造成混乱。"万年清"有了,但把后面的韵脚给抢了,"清贫但更清",也有矮化大清之嫌吧!继续改。贯休原诗是说卢的年岁渐增,为官清贫自守,节操不移,改后两句则说白发如雪,青云得路,馆臣真把

111

童塾背熟的声律启蒙功夫发挥殆尽。

八十多年前,张元济在影印宋本晁冲之《嵩山文集》所作跋、鲁迅作《病后杂谈之馀》(载《且介亭杂文》)时,曾将四库本与宋本晁氏《负薪对》一文作过比读,揭出四库馆臣凡遇民族敌忾文字一律妄作删改的行为。陈垣作《旧五代史辑本发覆》(收入《励耘书屋丛刊》)以明刊《册府元龟》与殿本清辑《旧五代史》比读后,揭出馆臣忌胡、忌虏、忌夷狄、忌犯阙之类任意改动的实例。近年所见上海图书馆藏四库底本《三朝北盟会编》、湖南图书馆藏四库底本《续资治通鉴长编》,更保存了当年馆臣率意改窜古籍的无数爪痕。最近几十年,四库印了文渊阁又印文津阁,专家们一味讲其如何会聚中国学术文化之大成,对其为现实政治目的对古籍文本之肆意改窜,则很少提到。前述这种妄改,几乎每部书都有程度不同的改动。

还以《禅月集》来说吧。涉及民族歧视的文字,如《杞梁妻》"筑长城兮遮北胡","北胡"改"北隅";《塞上曲二首》"锦袑胡儿黑如漆","胡儿"改"健儿","须知只为平戎术","平戎"改"平边","胡虏如今勿胡虏"改"翔风堕指犹控弩";《古塞下曲四首》"古塞腥膻地,胡兵聚如蝇",改"古塞沙漠地,劲旅聚如蝇";《读玄宗幸蜀记》"如何游万里,只为一胡儿","胡儿"改"禄山","承乾动四夷"改"勋名太华齐";《古塞曲三首》"圣威如远被,狂虏不难收","狂虏"改"穷寇","扫尽狂胡迹"改"扫尽边尘迹";《从谏如流》"北狄皆输款,南夷尽贡琛","狄"改"塞","夷"改"荒"。

例子实在太多,举不胜举。因为清人来自边鄙,族属夷狄,故稍见敏感词,立即就改。有些藏得很深的意思,也小心加以改写。如《古塞曲三首》"铁岭全无土,豺群亦有狼",似乎没忌讳吧?然而铁岭在辽东清朝兴王之地,细想真是恶毒莫名,当然改:"铁岭无青草,金微有白狼。"对得还很工稳。地名有疑问的也改:《古塞上曲七首》"山接胡奴水",胡奴水何在,至今不详,从下句"河连勃勃城"来看,应在今河套至陕甘一带。可能"胡奴"二字犯忌,文渊阁四库本改"蒲昌水",文津阁本改"逻娑水",一个今在新疆鄯善,一个在西藏拉萨,相去万里,管他呢。"如何好白日,亦照此天骄"改成"山回疑地绝,秋老壮天骄",为什么改,我反复推敲仍不得要领。

当然,遇到圣人名更要改了。《上刘商州》"丘轲文之天",《偶作五首》"唯有尧舜周召丘轲似长在",二处"丘轲"皆改"孔孟"。武圣虽然新封,尊崇可不能少,《贺郑使君》"张飞关羽太驱驰","关羽"改"关某"。诸葛亮虽然没有封圣,好歹也算贤人,于是《寿春节进》"葛亮更何之","葛亮"改"诸葛"。还有佛祖,更不能轻亵,"师指释牟尼","释"改"佛"。久已不用的旧名词要改,《送杨秀才》"颇黎门外仙獒睡",大清已经叫玻璃了,径改。还有不良的生活习惯,《春晚书山家屋壁二首》"牧童吹笛和牛浴",太不讲卫生了,于是改"和衣浴"。看看,馆臣多有社会担当啊!

《禅月集》还有一问题,就是流传九百年,有许多残缺,按照

113

古籍整理的严格规定,没有书证是不能补录的。然而四库馆臣或许是怕皇上质疑,或者要显示自己的文学才华,凡遇缺文,几乎都给补了出来。三十多年前我作《全唐诗补编》时,以为《四库全书》所收,当然应有文本依据,所见数十则,一一给予补录。现在对校存世文本,确定全无依凭,回看当年处理,真感羞惭莫名。

《四库全书》修成于乾隆后期,时朴学风气弥盛,给人以学风踏实的感觉。但雍、乾时期,文字狱盛行,文人畏首畏尾,唯恐触犯忌讳。乾隆帝以修四库书作为自己人生的传世工程,每天都在督促进程,检阅完成本。从编修档案看,皇帝发现问题,就给馆臣以处分。馆臣在如此压力下工作,其畏祸惧罪之情,始终萦绕心头。至今未见四库讳改条例,在不成文的习惯下,改得天昏地暗,就可以理解了。我在学校,对研究生的要求是,进入专业学习后,读古籍,尽量不要读四库本,实在避不开,心中也应有所警惕。

郭嵩焘与严复的忘年交

郭嵩焘与严复的首次见面,是光绪三年(1877)四月初一,公历 5 月 13 日,严复到英国留学的第三天。见了,彼此不会有什么印象。在郭,以二品署礼部左侍郎出为大清帝国首位驻英国公使,时年 60 岁,对所有在英大清子民都负领导责任;在严,时年 23 岁,首度出国,入伦敦格林威治皇家海军学院,随领队李凤苞与所有十二位同学到公馆报到。彼此例行公事,郭在日记中存录一笔而已。

过了九个月,也就是次年元旦,这批学生到公馆庆贺新年,郭大人询问读书情况,开什么课,用什么教材,英国铁甲船结构如何,炮弹之分类与功能,都是场面上的话。郭在当天日记里记下每个学生的姓名和表字,首先就说"严又陵(宗光)谈最畅",印象深刻。所谈海军课程及对学生要求,郭都详记,课内有讲授与实习,课外则读书质疑。"各堂教师皆专精一艺,质问指授,受益尤多"。水师船分驾驶、掌炮、制造三科,驾驶以绘图为重,掌炮要掌握化学与电学,各以数学为本,郭感叹"此西洋人才之所以日盛也"。严复更告诉他:"西洋筋骨皆强,华人不能。"学校让中外学生作筑垒训练,人执一锹,限定一点钟,到时则教师率先完成,其他学生完成一半,中国学生完成最少,"精力已衰竭极矣"。严认为西人"操练筋骨","自少已习成"。这一天所有谈话,都是大家在场,严复的识见谈吐,让比他年长37岁的郭嵩焘刮目相看。

一个多月后,严复再次与郭深谈,这次围绕郭的朋友张自牧的《瀛海论略》展开。张主张西学,见解远超当时一般士大夫,严复认为其所论有四大谬,即铁路非中国所宜,机器会导人淫侈,舟车之利后当转薄,海防非所急。郭了解张在国内所言有难言之隐,不赞同全盘西化,认为"中国大本全失,西法从何举行",赞誉严之所见"高出人人",最见杰出。

在此以后,此一老一小不顾年龄与地位的巨大落差,越谈越投机,隔三差五就见面,所谈也涉及各方面。见于郭日记者:三月初七,郭庆贺生日,严也来,席间大谈光、电之学及各项科学发明,兼及全球气候变化。次日再谈,严说:"中国切要之义有三,一曰除忌讳,二曰便人情,三曰专趋向。"这时郭已因在外言论受到非议,郭觉得自己平生所守正在此,因而犯忌,慨叹"谁与知之而谁与言之",只有这位年轻人能理解。四月末,郭嵩焘约友僚专程去参观严复的寓所与学馆,亲身体验英国教育的实况。其间,严复为他演示发电的实验。参观学校的教学区和附设工厂,严复更告他西洋学术之博大精深,从对数表说到地心引力,从分子加速说到水压机原理,还说到传声机原理。对西方科学,严复谈得透彻,郭在日记中更详加记录,仅此一日就长达二千多言。郭不仅赞赏,更建议严"以所见闻日记之"。三天后,郭要学官见示学生日记,首摘严复的《沤舸纪经》,涉及长江口之沙线与航路、铁船之弊及兵船发展趋势、火药燃烧原理等。六月,严复带示《修路汽机图说》,告以西人修路之社会协调与民生共享,郭由此感慨:"即平治道途一节观之,而知天维地络、纵横疆理,中国任其坏乱者,由周以来二千余年未知讨论,此亦天地之无如何者也!"过几天,收到严复来信,日记里写下:"又陵才分,吾甚爱之,而气性太涉狂易",担心他"终必无成"。以郭之性格,当面也会相告。郭所虑者,严之气性,回国后如何进入官场? 不久,严复带他在巴黎参观下水道工程,到卢浮宫参观气球升空及制氧气法。

以上据郭嵩焘日记,不厌其烦地记录郭、严二人之交往细节,是希望揭出两人虽地位、年龄悬隔,在郭绝不以高官自居,饥不择食般地希望了解西学的所有细节,恨不能年轻许多,直接到英国学校去接受教育,在严则因谙熟英文,可以更广泛地阅读学习,他的视野与思想已经完全西化。通过严复,郭嵩焘得到更深入了解西学的简便通道。两人超越一切世俗的限定,成为忘年密友,成就一段佳话。

光绪四年(1878)十一月,郭嵩焘去职准备回国,他对各在英学海军学生有一评语,如评刘步蟾可主兵,林永升等办事精细,可守海口,萨镇冰精力甚强,心思锐人,看问题能透过一层,是为将才,后都得验证。对严复,则评为"以之管带一船,实为枉其材"，识解远胜诸同学。对此，郭的后任曾纪泽很不以为然，批评郭"褒奖严宗光太过，长其狂傲矜张之气"。严复在致郭信中也说曾"天分极低，又复偷懦惮事，于使事模棱而已，无裨益"。郭很赞同。郭、曾二家为世交，为亲家，曾于郭为晚辈，但性格不同，虽未交恶，远不如严之知心。郭将归国时，《泰晤士报》发文加以评论，严复全文翻译以示郭，郭存于日记。此文说中国向来俯视一切，派遣使者以为有失国体。郭为首任公使，此文认为"郭钦差官阶甚高，晓畅欧洲事体"，对他离开感到惋惜，并体会他"为国之苦心，在将外国实事好处说尽，以求入于偏疑猜嫌中国人之耳"。郭归国后，曾纪泽曾寄示英人所撰《郭侍郎小传》，称郭"为人和厚，霭然可亲，外文明而内刚健，胸怀坦直，使臣罕有其比"，"盖自有各国使臣以来，无如郭公之可爱可敬也"。

郭嵩焘归国后，与严复再未见面。去世后，严复挽联是："平生蒙国士之知，而今鹤翅童毛，激赏深惭羊叔子；唯公负独醒之累，在昔蛾眉谣诼，离忧岂仅屈灵均。"上联说待己为国士，自己年岁渐增，事业无成，有负郭之激赏。羊叔子为西晋羊祜，临终推荐杜预，成就平吴事业。下联说举世昏睡，郭独醒以看世界，不免为世非议，他的巨大痛苦和屈原一样。郭嵩焘辞国时，慈禧面谕："你只一味替国家办事，不要顾别人闲说，横直皇上总知道你的心事。"然而，他将从上海出发，到达伦敦的53天日记，整理为《使西纪程》出版，如实写出沿途所见，引起朝野哗

118

然,乃至销版禁毁。他到任不久就被弹劾,所谓在英国剧院看了戏单,巴西国王访英时居然起立,天冷时英人为他披了件衣服,都成为大不敬。他在英法两年,不舍昼夜地记录所见所感,不仅讲社会政制,宗教文化,也遍及数理、声光、生化、营造、动植各方面。归国以后,连进京销差的机会都没有,被整个统治集团所摒弃,只能自请休退。留下八十万字日记,百年后方得出版。"虽复沉埋无所用,犹能夜夜气冲天。"(唐郭震《宝剑歌》)今读其日记,仍不能不感慨系之。

郭嵩焘《伦敦与巴黎日记》,钟叔河整理,岳麓书社 1985 年初版,2017 年再版。

叶家花园的主人

我的研究室在复旦光华楼北边,每天推开窗户,能看到上海市肺科医院的全景,稍后森郁青蔚的一片,就是沪上著名私家园林叶家花园。虽然近在咫尺,但我在复旦四十年,也只进去过一次:因为是冬天,景色一片衰瑟,中式园林点缀西式建筑,占地闳敞,布局精致,施工讲究,处处显出主人的富有与品位。虽然已是近百年前所建,仍引人遐想主人之风神。

叶家花园曾名澄衷疗养院,它的主人是叶澄衷(1840—1899)。叶本名成忠,是浙江镇海庄市乡之农家子。八岁时父亲病故,母亲洪氏艰难持家,日耕夜织地让他读了二年私塾。难以为继,11岁到油坊为学徒,饱受凌辱,三年后弃而到上海谋生。当时上海开埠未久,宁波素有通海经商的传统,得风气之先,群起涌入上海谋发展。叶澄衷的起点很低,先入成衣铺为学徒,再到法租界内的三洋泾桥(今江西中路口)杂货店为学徒,都不开心,遂弃而在黄浦江上摇舢板,载货载客,略得生存。他看到外国商船云集,外人的钱更好赚,于是拿出钱到夜馆参加英语"一月通"补习,稍知英语会话。据说他22岁时曾载英商过江,事后发现遗落装有大量外币、票证的皮包,乃坐候英商来取,并拒绝酬谢。英商受感动,留下地址,并介绍他可以做五金生意。他后来在虹口开顺记五金洋货店,即向英商借款得到第一桶金,并从洋行进货,保证质量。从小五金做起,诚信加上勤奋,善于经营,不久就开了几家分店,扩大业务,经销煤铁与进口钢材,规模也越来越大。到他35岁时,更在引进灭火水龙、进口小火轮船、投资房地产等经营中扩大资产。当然使他成为上海当年华商首富的重要途径,还是获得美孚石油在华十年之独家经销权,并采取一系列手段扩大市场。如他发明美孚灯(就是五六十年前仍在使用的小油灯),体积小,耗油少,买一听油送灯,足可满足普通家庭一年的照明。规模扩大,叶澄衷再插足金融业,开办叶氏钱庄。到晚年,叶氏钱庄在全国有108家分号,他的顺记号更广布全国各大口岸和都会,经营范围包括五金、煤油、机器、钢铁、食品等行业,他也成为宁波商帮的领袖人物。

叶澄衷的成功,原因很多。重要的几个方面:一是商业诚信,对外人与中国下层民众都一样。二是敏锐的商业悟性。他靠经销煤油发了财,但当1882年电灯在上海出现后,他马上感到今后的变化,在上海自己生产火柴,当时叫洋火。三是立足上海,开发内地市场。四是寻求官方支持。当时捐官是合法的,他花三万大洋为自己捐了二品候补道,这样与官府打交道就不必再低声下气了,事情也好办得多。

叶澄衷毕竟起于下层,对民生艰苦深有体会。在自己暴富后,积极回报社会。他在上海设立崇义会、广益堂等扶贫机构,参加四明公所的慈善活动,在历次大灾时积极赈灾,广有口碑。他出资在家乡修路,设义庄,又建怀德堂抚恤为他工作过的身故家贫的员工家属。在瘟疫流行时,他约集各行业募捐,建立同济医院。他在自己病危之时,所虑一是自己从小失学,要建立学校,让更多孩子有上学机会。二是想到母亲病危时无从寻医,要儿辈在故乡建立好的西医院。他的五个儿子继承了他服务社会的精神。为建学堂,他专留十万规银用于兴建,身殁后立即动工。工程过半,费用不足,长子叶贻鉴将自己分家所得全部捐出,顺利建成。宁波同义医院则在他身后近二十年方建成,定位为公益慈善医院,每周两天为贫民诊治,长期入不敷出,靠镇海籍商人捐助,坚持了三十多年。

叶澄衷去世后一年半,澄衷蒙学堂建成,早期校务先后由刘树屏、蔡元培主持。这时虽科举未废,旧学仍盛,蒙学堂则坚持以西学教育为主。教材是自编《澄衷蒙学堂字课图说》,参取西方教科书的形式,选取 3224 个常用汉字,文图兼美,按词性分类编排,更按深浅不同,兼顾字义解释与百科知识,循序渐进,适合儿童启蒙。授课内容则包含西方最流行的思想学术。1905 年,一位上海出生的安徽少年进入蒙学堂,他叫胡洪骍。在这里,他的英文、算学得到大幅提升,首度听说了"言论自由",是老师写在他作文本上。他也熟读了《天演论》。一天早起,忽想给自己起个表字,他哥说,就用《天演论》"物竞天择,适者生存"的适字,叫适之吧。胡适,这位思想启蒙家在澄衷蒙学堂开始自己的思想启蒙。

至于叶家花园,则为叶澄衷四子叶贻铨于1923年所建,本为江湾跑马场的夜花园,供马客休憩之所。但似乎命运多舛,仅有短暂辉煌,不久就因人声喧嚣,被英商所告,勒令停业。1933年,叶贻铨因仰慕老师——时任上海医学院院长的颜福庆,将花园捐赠给上海医学院作实习医院,后取名澄衷疗养院,即今肺科医院的前身。

近代上海城市的发展,贡献最大的是宁波商帮。叶澄衷是宁波商帮早期的领袖,他从一个少年丧父、孤身来沪的打工仔,挣扎经营,终于富甲一方,真属于上海传奇。在他身后,宁波人几乎无论贫富,都往上海走,成为近代上海都市繁荣的中坚力量。

本文在阅读《叶澄衷画传》(张立茂、胡志金著,文汇出版社2016年)后写出。我不治近现代史,但喜欢阅读相关著作,见奇人懿行、佳言往烈,常感喟激动,希望与读者分享。推窗远望叶家花园,对它的主人也有了新的认识。

偶读张荫桓

治近史者多谓张荫桓为戊戌变法幕后推手,其人其事其诗文似皆不甚彰显。近偶读《张荫桓集》(孔繁文、任青整理,中华书局 2012 年),仅录其诗文,末附事略,奏议、日记及有涉学术者皆未收,稍作翻读,可信其人是清末体制内官员认真考察西方政制、思考中国前途的第一等人物。

张荫桓(1837—1900),字皓峦,号樵野,广东南海人。少聪慧强记,应科举不利,遂弃之。随舅父至济南,捐资为知县。此段出身,使他官显后颇遭人轻鄙。他善诗文书画,通达时务,善于处理复杂政事,得到素有政声的前后任山东巡抚阎敬铭、丁宝桢的赏识与拔擢。阎是晚清理财名臣,丁则因斩杀慈禧信任的宦官安德海,声隆一时。张荫桓所办如治河、剿捻、洋务、营造等,极繁冗而劳剧,都能处理得当,明达有效。在处理登青外交纠纷时,尤见胆略。丁宝桢说:"余子碌碌,能办事者,惟张某耳。"这样完成从俗吏到能臣的转变。又得左宗棠、李鸿章赏识,奏以三品卿衔在总理衙门大臣上行走,进一步熟悉朝廷的外交事务。张荫桓的骤升,为众所嫉:不经科第,何能遽跻卿贰?此时慈禧直接给予支持:"汝办事认真,今予汝外官,当能为国家出力。"以四品京堂出任驻美国、日斯巴弥亚(今西班牙)、秘鲁公使,光绪十二年(1886)二月起程,历时五年。

我相信,出使经历大大开阔了张荫桓的人生视野,加深了他对世界格局和国家前途的认识。三国分别地处北美、欧洲和南美,他将见闻写成《三洲日记》,篇幅宏大。此书已收入《走向世界丛书续编》,可惜我手边没有,从他书介绍,知写各国世情民风之观感,写自己奉使尽职的作为,更多对所历各国社会制度、法制实施、经济运作的观察。其间的诗歌,则结集为《三洲集》,仔细阅读,其内容之奇绝、思想之变化,诚为此前诗歌所未有。

作为清廷公使,张荫桓负有代表本国的责任。他知道华人在国外生活之艰难,将出国时即写"吾民生计极海外,百十万众如连蜷"的诗句。从今哥伦比亚北上途中,作诗《自哥浪登车至巴拿马沿涂华人结庐售杂物境状可怜》,有"浑沌有灵终不死,重怜畚锸苦屯邅"句。他曾尽力为华人维权。如在旧金山为华人被抢劫、杀害事件,聘律师争讼,与美国务卿面争,得部分洗雪。也因公使特殊身份,他得饱览欧美名胜风俗,留下诗篇。如《日斯巴弥亚城观斗牛歌》,有"牛痛辟易势莫当,一人手剑飞过墙。红旗护剑混牛目,奏技绝愧公孙娘"的描写,大约是最早写西班牙斗牛的中国诗。《费城百年会》有"合众战斑犹渍石,……南北花旗已浑然",因世博会写到美国南北战争后的国家建设。《观瀑英美界上忽际秋中雨夕无月援笔作歌》云:"五洲瀑布此奇绝,层湖递泻溅飞雪。"写到美加边境的尼亚加拉瀑布。在英国则咏及泰晤士河泛舟,及参观七橡树石室和水晶宫之观感。在巴黎有《巴黎铁塔歌》,距埃菲尔铁塔建成肯定还不到一年。《红海行》则写归国取道苏伊士运河经红海之所感,有"近日轮帆回飙迅,百千万里一刹那。陈迹尚留好望角,异事乃有新开河。仿佛神仙缩地术,授与西士供揣摩"的激叹。陈衍《石遗室诗话》称中外交通以来,"能以诗鸣者,惟黄公度",可惜当时张诗不通行,张之涉写范围比黄广,时间也更早,这是文学史家应关注者。

张荫桓的诗中,对西方制度与社会,多有赞美钦羡之辞。《瘴海行》从"粤民深畏官",写到中西殊制:"泰西国俗岂尽富,官民相亲每相顾。柔茹刚吐羌无闻,直与公家同府库。有时战斗急军储,万姓输诚不知数。既无吏胥上下手,亦免宰官睚眦怒。"他看到共和政体中官民关系的变化,及"万姓输诚",与国同休戚。《鸟约画报刊牛马鸡狗诸状其面目则今总统与外部暨诸议绅也神理逼肖戏为短歌》:"古今立国重风化,此图人畜何不伦。似牛非牛马非马,鸡犬幻作桃园春。画工惨淡惟肖似,匪以侮慢伤君亲。更为传说志嬴壮,个中或喜传其真。谁辟天荒置刍牧,角蹄齿翼皆能驯。"是戏咏《纽约时报》所刊政治漫画。将总统、外长、议员画成牛马鸡狗状嘲讽,照中国习俗来说是"不伦""伤君亲",张荫桓又抑制不住地表示赞赏。最后两句,涉及国家起源及官民关系之认识,认为牛马鸡狗皆可以驯化,何况民众。《过华盛顿纪功碑》云:"手辟两洲开大国,创为民政故传贤。一时荐举成风俗,间岁讴歌托众权。海上帆轮惟固圉,林丘弓剑似生前。泰西得尔诚人杰,白石穹碑锐插天。"他当年看到的华盛顿纪念碑,与我们今日所见一样,他对美国开国元勋的由衷赞美,对"创为民政"、国"托众权"之肯定,对泰西人杰造就西国强盛之原因的认识,可以说已经超越了时代。

戊戌变法始于康有为越次入对,荐康之人,以前说是张荫桓,今人深入研究原始文献及清季制度,认为是张通过翁同龢推荐康,大体可作结论。张荫桓从海外归,两年后任户部左侍郎,翁为户部尚书,两人共事达六年。户部所负之责,从救灾到赔款,从朝费到庆典,无不涉及,最为繁剧。翁领总责,张任烦剧,偶有分歧,大体协和。翁曾称广东有三友,张居其一,可知相得。张与康为南海同乡,政见接近,因乐荐引。

张荫桓在戊戌政变次日被捕,系于刑部大牢,同狱者八人,后六人被杀,即所谓戊戌六君子。张得不死,说法很多,这里不谈。他受到严遣押戍新疆的处分。现存有两名直隶刑吏所作《驿舍探幽录》,记录张在起解二十日内各类谈话,包括荐康之细节,以往慈禧对他之信任,他得罪缘由之揣测等。在张或为自己解脱,在刑吏则要报一切细节为己表功,不尽准确,但多可玩味。如说外使归来给慈禧送礼,内臣说总管李莲英也要一份,居然忘了。又怀疑不久前慈禧召见日旧相伊藤博文,自己循西礼与伊藤拉手,或引起猜疑,等等。

戍疆后,张荫桓多活了近二年。其间写诗200多首,题曰《荷戈集》。无怨无悔,多写西行所见及新友旧雨之交谊,时有难以生还之哀叹。庚子(1900)春夏,慈禧听信邪言,鼓励拳民攻打使馆,杀死德国公使,引起激变。张荫桓身居西域,深知利害,通过新疆巡抚进奏,有"拳匪不足恃,外衅不可开"之说,终招杀身之祸。临刑有言:"大臣为国受法,宁复有所逃避?安心顺受,亦正命之一道也。"见其坦然。

张荫桓出身捐赀,久领钱谷,加上西俗做派,官场多遭人嫌,节操也并非全无可议处,但他是体制内官员中少数知道西方国情者,希望在正常秩序内推动国家进步,虽然建树很有限,但不惜以微力图改变,终以一身殉国,还是值得纪念的。

狱吏唐烜

戊戌变法失败,六君子慷慨就义,这一天是光绪二十四年八月十三日(1898年9月28日)。午后,刑部主事兼山东主稿唐烜方与同僚闲话,军机处派员送来专片,秋审处满汉提调惊惶入堂,唤书吏速出。很快则军机大臣刚毅到部,谕旨下,刘光第、杨锐、谭嗣同、林旭、康广仁、杨深秀六人即行处斩,刚毅监斩,步军统领在前门、顺治门一带戒严。刑部传齐五城司坊官,从南北监所押六人缚讫,跪听上谕毕,即押赴刑场。唐烜在场目睹,当日日记中记下这一过程。

唐烜(1855—1917后),字照青,号留庵,直隶盐山人。光绪十五年(1889)进士,分派刑部任职,任主事,充主稿,即以熟悉部务分管山东之文牍,属于刑部中层官员。称他为狱吏,仅就主刑狱之官吏言,有些委屈他。清末官员中,他是谨小慎微的一位,自述"自知浅学,夙夜恐惧,兢兢自持,然未尝私谒一面,妄干一人,随班逐队,旅进旅退",要在官场春风得意,必无希望,但小心不犯错,积以年资,也能晋迁。唐烜很勤奋,能诗文,每天坚持记日记,所见所闻,所读所感,都留下笔墨。他从六君子入狱当天就加记录,说与杨深秀为己丑同年,且曾同学于张肖庵门下，再为刑部同事，交往颇深。他称杨为"山右才子，素讲汉学，著述颇多"，对阑入康党，"殊所不解"，充满惋惜。刘光第登第比唐烜晚三年，但在刑部分司广西，也算曾同事。他认为杨"性情迂执"，刘"性尤孤僻"，是误入歧途之原因。六君子遇难次日，他与杨深秀的座师张肖庵到他家见面，次日他回谒而不遇，是否有对杨的悯惜，不得其详。此后他照常上班应酬，但内心之不平静显而易见。他天天读邸抄，关注朝中人事变化，又将同僚朋友间谈论所及，风闻所得，记入日记。他称康有为为康逆，林旭为林逆，谭嗣同为谭逆，记他们有四百多人为死友，倡"保中国不保大清"说，自剪辫发，久蓄以夷变夏之志。他在事变后十日，晤王兰亭谈康党始末，有关林旭拟召董军门，谭嗣同夜叩袁世凯，以及袁夜至颐和园告变，基本符合后世学者揭发的真相。他所记头绪纷繁，有些是属游谈，如谓张荫桓行至涿州赐死之类。对康党拟袭颐和园不利于太后，唐烜当时所得消息是大逆的主要罪名，此后康、梁在海外倡保皇，否认很坚决，晚近毕永年留在日本军部之证词发表，知确有其事，惟策划未周密而已。

唐烜日记中最有价值部分，是他因刑部任职的缘故，得由狱内役卒抄出诸人在狱之诗作。他录同司朱君云："谭逆嗣同被逮后，诗云：'望门投宿邻张俭，忍死须臾待杜根。吾自横刀向天笑，去留肝胆两昆仑。'前二句似有所指，盖谓其同党中有惧罪逃窜，或冀望外援者而言，末句当指其奴仆中，有与之同心者。然崛强鸷忍之概,溢于廿八字中。"此诗录于谭殉难后十一天,为刑部同官所见本。唐深于诗,所解大体不误。据前引毕永年所述,变法事败,谭已遁入日使馆,出而归居所,取平生文稿交梁启超代付梓,复出而待捕,死志甚决。其诗后出有多种文本,因唐烜所存,知梁启超所录大体不误。又录杨深秀新年自题春联云:"家散千金酬士死,身留一剑报君恩。"杨自云"伸纸濡笔,竟苦索不得",无意成此一联,唐视为语谶。今日读来未尝不是以死报国之志。杨在狱中作七律三首,最后一首为临刑之晨以香火画壁成诗,"观诗中词意,皆以直言敢谏、御侮破敌为言"。唐烜虽未抄录,他书有所保存,有"久拚生死一毛轻,臣罪偏由积毁成""缧绁到头真不怨,未知谁复请长缨"之句,真是豪气干云,报国情尽。唐烜记为六君子收尸敛葬者为提牢乔茂轩,也比俗传之大刀王五更为可靠。

唐烜这样的官员,相信是清末官僚中常见的一员。早习举业,登第入仕,思想循默,谨守分际。国情之内忧外患是了解的,偶然也有危机感,并不想有大的变化。新政实行,他看到"一切改用新法,力革旧制",认为暂废武举之议"详明痛快",对"裁冗兵改用洋操,废时文改试时务",也并不反对。对朝中维新、守旧两派激烈交锋,则多持观望态度。他多次在日记中谈到对康有为的态度,对康之大言狂妄,则多加显斥,对康之不次进用,颇不以为然。他也有一些主张变法的朋友,所见似更赞同冯桂芬《校邠庐抗议》所揭采西学、制洋器,以中国纲常名教为本，辅以诸国富强之术，因而所记所述，并不拘瞀迂腐。他之所述，大约能代表许多通明事理但不主张剧变者的立场。现实让他历经磨难，不能不随着时代蹒跚前行。他在戊戌次年遭遇家忧，复遭纤人交构。庚子国变，在炮火中躲伏六十日，国祸家难，皆所经历。此后虽仍上班如仪，思想不能不逐渐变化。接触西学，参与议宪，光绪三十二年起任职大理院，任刑科正审官。入民国，仍任职大理院。

唐烜有诗集《虞渊集》，作于入民国后，自叙称“感清亡而作”，谓“清之亡也，主无失德，臣非不道，徒以三十年间，国统再绝，女主倦勤，公族荒嬉，外有强邻，内多伏莽，一夫夜呼，九土崩裂，首尾百日，大命以倾。”他的立场，既不同于遗老，也不理解革命，但经历了社会剧变，感到了机会之失去与国家之危机。对经历的事件，也有了全新的认识。《戊戌纪事八十韵》，重新写到六君子之临刑姿态：“跪听宣读毕，臣当伏斧踬。林君最年少，含笑口微吷。谭子气未降，余怒冲冠发。二杨默无言，俯仰但蹙额。刘子本讷人，忽发大声诘。何时定爰书，何人为告密。朝无来俊臣，安得反是实。抗辩语未终，群隶竟牵捽。但闻官人言，汝去不得活。相将赴西市，生死此决绝。扬扬如平常，目送肠内热。”“引领就白刃，夏侯色可匹。携手入黄泉，夕阳照碧血。”这里所述，已经是入民国的见解，不再是大清循吏的立场。他说仅在刑部大堂目送六人赴刑，并说所知细节为“吏人讫事返，流涕向我言”，没有虚构，只是有当年不便言者。

张剑、徐雁平、彭国忠等几位比我年轻的学者，策划整理《中国近现代稀见史料丛刊》，由凤凰出版社已出版四辑，每辑十多种，尤以清季民初中下层人士的日记、书信为大宗，大则可见社会之剧变，小则可知齐民生活之一般。我虽不治近代，但喜读异书，其间即多有喜欢者。真很佩服主事者与出版社的魄力。2018年适戊戌变法百廿年，述此以为纪念。

　　《唐烜日记》，赵阳阳、马梅玉整理，凤凰出版社 2017 年 6 月出版。

唐文治谈古文作法

一月底到交通大学出版社开会,获赠《唐文治国学演讲录》一册(上海交通大学出版社2017年),真是喜出望外。早就听闻有《唐蔚芝先生演讲录》六集,遗憾无缘见到,现在经仔细整理,书前更有虞万里教授长达四万字的导读,以《尊孔读经与治心救国》为题,阐发全书之奥旨,有便理解唐先生这段长达四年连续演讲之寄意所在。

抗战初起,唐先生率无锡国专南迁,年迈目盲,中道归沪。时交大困在孤岛,艰难生存,谋改私立,与敌周旋,校长黎照寰设特别讲座,敦约唐先生回校为学生作讲座。国难方殷,唐先生向以砥砺士节教导学生,此时更感责无旁贷,乃以74岁高龄、双目失明之病躯,承允开讲。讲座设立的名义是讲授传记、游记、书札及《四书》,而先生日记中则表达"以救民命为宗旨"。当时交大已在日人监视下,唐先生取经史讲解的方式,借古喻今,如讲《吴越春秋》,倡在强邻入寇时尝胆复国,激励青年学生的护国之心。《演讲录》内容极其丰博,我这里仅介绍谈古文作法的部分。

朱东润师曾说少年时随唐先生上古文课,反复诵读,不讲内容,因此得悟古文喷薄之美与情韵之美。估计是因授课对象不同,少年应熟读吟诵,大学生则应告以文章作法。《演讲录》总共134讲,文学类有51讲,大多情况下是选取一篇古文,唐先生先吟诵一过,再讲文章大意与具体作法。唐先生之古文源出桐城(方苞、姚鼐)、湘乡(曾国藩),早年曾问学于曾门高足吴汝纶,本师王紫翔也曾告以为文当"涵濡于四子、六经之书,研求于《史》《汉》诸子百家之言"。他在《演讲录》讲古文第一讲《读文法纲要》中,即以曾国藩《作文八字诀》,即雄、直、怪、丽、茹、远、洁、适八字为中心,特别强调"文章音节,应古时乐律,有抑扬、吞吐、抗坠、敛侈之妙",而究其奥妙,则用"阴阳刚柔"足以概括。他进一步解释,则认为"文章之妙在神、气、情三字",用十六字诀说三者关系:"气生于情,情宣于气,气合于神,神传于情。"对于初学者,这些很难领会,他认为要先学"运气炼气",最直接的办法是反复诵读文章,最初口中吟哦而心难体会,逐渐能体会古文段落顿挫之后,必有一提一推,细加体会,能理解其中之起承转合之法,体会古文之"纵横奔放,高远浑灏"。他特别重视诵读,原因即在于此。

在具体文章讲解中,有更具体之论列。

欧阳修《苏氏文集序》写于亡友苏舜钦逝后四年,最为后世古文家推重。唐先生讲解此文,揭出四点,中心是"总论作诗文集序法",认为"仅作赞美之词,品斯下矣",认可者有四点:(一)于人心、世变、时局确有关系。(二)交情诚挚,发于至性,足以感人。（三）提要钩玄，表其人之微，摘抉全集之精奥。（四）引他人作陪衬，或在题外凭空发议，结处到题。他认为第四点已落下乘，欧序则并用前二法，"叙世变则抑扬反复，叙交情则悲壮淋漓"，感人而以意胜。至具体技巧，则揭示填句法与感叹停顿法。他认为欧文所以丰神独绝，"大都盘旋作势，不肯数语说尽"。就《苏序》言，在"至其文章则不能少毁而掩蔽之也"下，本可直接"公其可无恨"作结，却填入"凡人之情，忽近而贵远，子美屈于今世犹若此，其伸于后世宜如何也"一段，更觉透迤有致，唱叹有味。至于感叹停顿，唐先生特别指出韩愈《送李愿归盘谷序》"大丈夫遇知于天子""大丈夫不遇于时者"数句，即用此法，《苏序》首段用"公其可无恨"作结，二段用"此其可以叹息流涕"三句作结，三段用"独子美为于举世不为之时"四句，最后用"而子美独不幸死矣，岂非其命也，悲夫"深沉感叹，各段盘旋作势，作顿处皆凄婉神伤，动人之至，推为少阴文之第一篇。

上述少阴文是指阴柔情韵之文，相对的太阳文则指阳刚雄伟之文，《演讲录》选了贾谊《过秦论》和韩愈《原道》为代表。《过秦论》讨论秦二世而亡的历史教训，分三篇，分别讲始皇、二世与子婴，原文太长，《演讲录》仅讲上篇，提出四法：一为翕纯皦绎法，就是条理始终贯穿晓畅，如"八音齐奏，络绎不绝"。二曰抑扬擒纵法，讲始皇之功业，扬之甚高，纵之愈远，引出始皇殁后之遽衰，乃有千钧之力。唐先生说："文章家开阖变化，驰骋纵横,终不外此。"三为用虚字作线索及偶句迭句法。唐先生认为:"魏晋以后文,多用偶句而文体衰;唐宋以后文,多用单行而文气弱",都不如汉初文之纯任自然。四为全篇起法结法,唐先生举了许多例子,说《过秦论》此章从直叙开始,几经转接,最后以"身死人手,为天下笑者,何也? 仁义不施而攻守之势异也"作结,评曰:"如千山万壑赴荆门,江汉朝宗于海,又如万骑奔腾,悬崖勒马,可谓雄奇已极。"非深于文者难以道此。《原道》追溯儒家学术之本旨,高张攘斥佛老之宗帜,是韩集第一篇大文字。唐先生要指出的是,此篇"有子书之精深,无子书之沉闷",韩愈如何将其写得"纵横驰骤,出奇无穷",所列段落法、线索法、设喻佐证穿插法及迭句对句法,都从细节分析着眼,恕不能一一介绍。

文章作法有理论,更多要靠实践,要在广泛深密地阅读历代古文中体会技巧,要在大量写作经验中领会手段。唐先生《演讲录》中有许多经验谈,值得今人仔细体会。他中年后双目皆盲,仅凭早年的记诵,坚持授课三十年,所有内容都熟记于心胸,这种旧学积累,足让今人讶异。惟其如此,得具卓见。

唐先生生活在剧变的时代,个人难以拧违时代。在"五四"后,他坚守国学,传授古文,有少数追随者,无法成为主流,可以理解。百年倏忽,现在回看,更感到他当年坚持之难能可贵。文言、白话都是祖国语言文化的组成部分,何必互为敌对、你死我活呢? 古文讲文气,讲情韵,重辞章,重吟诵,又有何不好呢?

古文在今日之再生,似乎比诗词更艰难,我觉得试作者不妨从文白相间中起步。我近年之作文,以白话为主,常穿插古文句法,文言构辞,虽然没有师承与家法,偶然也会觉得别有兴味。

王水照先生近年努力提倡文章学研究,第四届文章学研讨会 4 月 14 日在复旦举办,谨述此以为祝贺。

最后的雅集　不朽的完人

——张元济先生的朋友圈和人生志业

2017 年十月是近代文化巨子张元济先生(1867—1959)诞辰 150 周年,商务印书馆隆重影印 1956 年由商务同仁发起征集、各界文化名流参与的庆寿诗文书画,用陈叔通、叶恭绰题签《张菊生先生九十生日纪念册》为书名,大本六开绸面线装三册出版。元济先生字菊生,可说是近代难得的完人,为示尊重,本文后称菊老或寿翁。

《纪念册》卷首有商务印书馆同仁祝寿词《敬祝菊生先生九十大庆》,具名者为俞澄寰、丁榕、徐善祥、陈懋解、郁厚培、韦傅卿、俞明时、史久芸、沈季湘、张雄飞、丁英桂十一人,都是长期在商务任职的高中层人员,也显示本次征集活动的非官方色彩。尽管在卷端有照片,寿翁亲题"余祖孙三人展阅陈毅市长、柯庆施书记所赠白石老人画",又以中央统战部部长李维汉、上海市副市长盛丕华、高等教育出版社贺辞列前,但尽量不张扬官方表彰,是编者理解寿翁淡泊为人之合适安排。张树年主编《张元济年谱》载,是年 10 月 30 日,市委第一书记柯庆施以下领导到张府为寿翁祝寿并宴请,《纪念册》并无反映,只是低调吧。

虽然低调，以私人名义参与祝寿的新旧文化名人还真不少，其中在中央政府担任重要职务的有高等教育部部长马叙伦、副部长周建人，文化部部长沈雁冰、副部长胡愈之，最高人民法院院长沈钧儒，教育部副部长叶圣陶，政务院副总理黄炎培，中国科学院院长郭沫若，全国人大副委员长陈叔通、常委邵力子等，可谓集一时之盛。但若能更仔细地阅读，还可以发现，祝寿的人群中包括了清末以来的不同人群。

菊老在光绪十五年（1889）二十三岁时于杭州参加乡试，同年金兆蕃虽已故去，但金二子问源、问洙各有陈献。问源撰寿序，谓"年丈与先父为清光绪己丑乡试同举，少为文字之交，道义相勖，垂六十有余年，老而弥笃"，引其父语称菊老之成就"不胜安石苍生之感"。问洙作七律，有"共闻今日尊黄绮，尚忆当年锢俊厨"句，无限沧桑之感。

菊老是光绪十八年（1892）进士，初以贡生第四十名中式，复以二甲第二十四名中进士，在这一榜中有吴士鉴、蔡元培、叶德辉、唐文治、沈宝琛等文化名人，唯有菊老在释褐六十五年后仍巍然独存，真如鲁灵光尚存吉光。寿词中有唐文治子唐庆诒所撰七绝四首，其二云："曾与先君共砚田，平生交谊如金坚。关怀枉觅三年艾，几度丁宁卧榻前。"后两句述"老伯大人"对自己的关怀，前两句说张、唐二人既为同年进士，自清末起均居上海，分执教育、出版两界之牛耳近五十年，在文化观念上都倡导东西并蓄,在守护文化上有坚定的立场,一生交契如金,更属难得佳话。

与寿翁同辈人物,时仍有健存者,可以读到清末署四川成绵道周善培,户部主事余节高,光绪甲辰科榜眼商衍鎏、进士邢端,清末举人冒广生、沈钧儒等,都是与菊老共同经历清末二十年剧变的旧友。菊老自壬辰登第,在官六年,据他1950年自填简历述官守有:"光绪十八年壬辰官翰林院,改刑部主事,充总理各国事务衙门章京,戊戌政变革职。"清人仕宦,以初授翰林院庶吉士者最为显途,殆属朝廷重点培养之人才,其后复参与对外交涉,接受西学,眼界大开,菊老是徐致靖向光绪推荐变法五人之一,他也屡上条陈,亟言变法。变法失败,偶得保全,但得到"革职永不叙用"的处分。许多寿辞都讲到菊老的这段经历,说他是戊戌党人碑之最后幸存者,若鲁灵光般巍然独存,都是对他这段经历的感喟。

菊老曾自述在西后复出垂帘后,他怕缇骑临门,惊动母亲,因而每天仍进署,早到晚退,半月后方得处分,母亲告他:"儿啊,有子万事足,无官一身轻。"他捧母手而泣,由此开始人生新的历程。戊戌次年,他入南洋公学为译书院院长,又创办特班,培养了李叔同、邵力子、谢无量等人。接触西学更多。1902年初,他应商务印书馆创办人夏瑞芳之邀,加入商务,先在编译所。清季曾有机会重返官场,他也拒绝了。至1916年主政商务,直到1959年离世,在商务凡五十七年。

菊老在商务,从开启民智、扶助教育做起,大规模地组织编写具有现代意识、科学结构的教科书,从儿童教育入手,由简入繁,循序渐进,如《最新初等小学国文教材》发行量达全国五分之四,再续编从童蒙到大学的全套教科书。再就是积极提倡科学文化,努力介绍西学,编译西方学术名著和欧美小说,出版新式辞书《辞源》,出版大批普及性的学术刊物,皆做得有声有色,风起云涌。曾有人认为,五四新文化运动的重镇有二,一是《新青年》杂志,二是商务印书馆,可以说恰如其分。许多新文学关键人物都曾有在商务任职的经历,即缘于此。从《纪念册》可以读到,沈雁冰 1916 年曾任职于商务英文部,周建人 1921 年任职《东方杂志》部,胡愈之 1914 年入馆为实习生,陈叔通 1915 年入馆主持总务处,章锡琛 1912 年后先后编辑《东方杂志》《妇女杂志》,叶圣陶 1923 年入国文部,蒋维乔 1902 年入国文部编教科书,郑振铎 1921 年入馆编《儿童杂志》,后又编《小说月刊》,瞿宣颖 1921 年供职于编译所交通科,顾颉刚 1922 年任史地部编辑,顾廷龙 1939 年主持合众图书馆。这些文化名人各自人生道路和成就领域不同,但在商务印书馆的经历都是他们人生经历中重要的一节。就得人之盛来说,商务绝不逊色于那时的任何一所大学。

另一方面,菊老以更多的精力积极守护文化,遵循传统,做了大量具体而微的工作,标帜著作则为《四部丛刊》的印行与百衲本《二十四史》之编刊。他的目标,是将最重要古籍的最佳善本，用最近真开朗的开本影印出来，让读书人有所依归。他的设想得到了近代江南最著名藏书家的支持，在本书中可以看到嘉业堂主人刘承干、铁琴铜剑楼主人瞿凤起等人的贺词，当年都曾给予无私的支持。菊老当年的工作，有将乾嘉正学继承光大之意义，绝非书商的随机取利。关于菊老的古籍校勘成就，著名文献学家、当时任教于复旦大学的王欣夫献诗六首，评价最见公议，录前四首于此。其一："早岁声名满九州，晚来几见海横流。沧江一卧称天隐，手勘奇书已汗牛。"寿翁历经世变，名满天下，而高隐闹市，惟以校勘古书遣日，手勘奇书之富，并世惟傅沅叔可以齐名，张、傅讨论古籍书信数百，早经刊布，久誉学林。其二："仪征校记罗诸本，经籍跋文详简庄。何似留真百衲史，长悬学海两奇芒。"自注："先生景印二十四史，校记稿盈数尺，实可媲美阮氏《十三经校勘记》。而《校史随笔》一编，择精语详，胜于仲鱼跋文。经史两巨著，如泰华之并峙，诚不朽盛业也。"认为阮元校刊十三经可代表清人校经之最高成就，菊老校勘并勘布百衲本二十四史，可代表民初以来校史的最高水平，足与阮书并悬不朽。菊老校勘记手稿，商务近二十年已经全部印出，皆其手写亲定，逐字定夺，一笔不苟。其三："行格异同避讳字，由来此外鉴裁稀。若非朱子台州劾，谁识梓人表蒋辉。"自注："自来鉴别宋刻书，未有详及刻工姓名者，先生实创为之，所编《涵芬楼烬余书录》《宝礼堂宋本书录》，均详著之，大有助于考订之资。"因菊老所编两种善本书录，特别表彰他对宋版书刻工姓名之重视，认为指示可靠之内证。其四："乡邦文献尊檇李，家世收藏溯涉园。宁止衣冠梦中拜，千秋学术有渊源。"自注："先生搜罗乡邦文献及先世旧藏甚富，编为《海盐张氏涉园藏书目录》，可以嘉兴艺文志视之。"此表彰菊老整理乡邦及家族文献之成就。菊老为浙江海盐人，始祖推为宋理学家张九成，元张雨以文学显，明初迁海盐闻琴里，入清而文名更盛，九世皆有著作传世，至菊老而得名满寰区。菊老在商务取得经济积累后，更利用丰厚的财力，广泛搜辑南北散出的善本，建涵芬楼以收存，开书馆自建书库的先声。其后陆续印《国学基本丛书》《丛书集成初编》《续古逸丛书》等大型丛书，虽定位不同，但保存文化、普及学术之目标则始终不变。

所有寿词中，文学书法皆可臻绝者，为王蘧常所作五十韵献寿长诗，章草恭书，叙菊老一生成就与家世交谊。王与菊老为嘉兴大同乡，其父且与菊老皆为甲申(1884)乡试同年，后流落到沪，承菊老照拂，后助唐文治主政无锡国专，更为二老友谊之证人。长诗中最重要的内容，一是述其父王甲荣对菊老的评价，认为如剑在匣，"寒芒虽深韬，犹能一闪烁"，并述及菊老所得母教："贾陆非所喜，母教在止足。曾拜太夫人，深语移晷刻。他日话惊弦，回首尚哽咽。"说曾见张母之印象，菊老受母教而知止足，晚年述及母恩，尚为之鸣咽。又说汪伪时期二老联手守护学校独立："迨日暮倒行，郊移及太学。丈又奋然起，陈欧事可怵。联名唐夫子，一书拨鸩毒。终得如所愿，亲见乾坤斡。"二老虽皆困守孤岛，但始终不降志，不附逆，珍惜名节，照顾孤弱，在力所能及间做了大量努力。

庆寿人群中，以两批人物为最多：一是中央及上海文史馆馆员。菊老长期担任上海文史馆馆长，备受爱戴，各馆员中自多书画名家、诗文耆旧，故所作各怀妙艺，各臻佳境。另一部分是商务同仁，大多与菊老共事数十年，早蒙煦育，各尽职守，他们既是菊老平生事业的参与者，更能从各自具体的接触、细节的感受，写出寿翁人格之伟大。这里仅录两位普通职员的回忆。张屏翰就职于商务成都分馆，朱景张任总务处分庄科科长，他们一起回忆了四件小事。一是清末上班，早晚乘马车，如远出晚归则多乘电车，问何不乘马车，答"恐马力过于疲劳，有伤马体"，真蔼然仁者之言。二是曾亲到码头迎候梁启超，人问梁为后辈，可不必亲迎，菊老答："我为商务印书馆多得几部好书稿，为中国文化多出几部好书"，并不斤斤于师叔之尊。三云曾同登峨眉，午后至中峰寺即返，同人诧异远道而来，何遽归返，菊老答"我们要留有余地，何必登峰造极"。四云曾孤身到乌尤寺看老友，拒绝陪从，多年后方知他与老友游寺，多行跪拜，恐同人惊诧，故拒绝同行，以见他笃于友道，坚守分际。

《纪念册》最后，是寿翁亲书答辞："余九十初度，远道朋辈各以文字相眂，深感盛意，谨口占一绝，聊表谢忱：正叹年华逐逝波，颂来美意故人多。愧无佳句还相答，聊作琼瑶远拜嘉。"末句出韵，估计因方音而然。

人生百年，生日仅是区隔的一瞬，汉晋尚不甚看重。唐玄宗立千秋节，渐次普及，至南宋而祝寿风大盛，清季民初尤盛，传留有大量颂寿集，亦足觇一时风气，存盛德世情。菊老九十庆寿，虽由商务同仁发起，事实上并未有聚集，但参与者人数之多、层级之高、代表性之广，真可视为传统文人的最后一次雅集。其后风波迭起，老成凋零，这样的雅集再也不可能有了。《纪念册》之印行，所以尤觉珍贵在此。

斯世再无熊希龄

2000 年曾游湘西,到凤凰,参观熊希龄故居,简陋数室平房而已。后来读周秋光接续其师林增光搜辑大量档案而写成的《熊希龄传》(百花文艺出版社 2006 年 1 月),方知他早年生活多在芷江,一生事功也得明晰。

1870 年,熊希龄出生于凤凰军家,早慧,二十五岁就高中进士,本可以前途无量,但他却参加了湖南新学,担任时务学堂总理(校长)。也就是说,梁启超在湖南的讲学,得到刘坤一、陈宝箴之支持,具体则由熊希龄操作。戊戌变法失败,他因偶然原因晚到京而逃过一死,受到"革职、永不叙用,并交地方官严加管束"的严厉处分。沉沦七年,只能读书兴学,办实业,积累资产的同时,也成为当时难得的西学通和财务专家。1905 年,得大臣赵尔巽、端方再三保荐,方获起用,成为考察西方宪政五大臣的随员,责任是替五大臣写出考察报告,作为朝廷立宪的依据。熊对西方宪政虽也有相当了解,但自度不及杨度,更不及梁启超,遂在日本私见二人,委以责任。五大臣归国次月,朝廷颁布预备立宪诏书。依据文本居然出自朝廷通缉犯之手,好在当时隐瞒得很好,直到近年夏晓虹教授找到梁的原稿,方得定谳。

熊希龄像

此后熊参与各种开拓与善后，实业与建设，名气越来越大。虽然他是最早支持共和的清廷官员，但在民国初期确曾走过一段弯路。他是袁时期第一届内阁的财务总长，二次革命被镇压后，更出任内阁总理，虽有第一流人才内阁的时誉，但副署袁解散国民党的政令，实在让他背上了黑锅。1916年他退出政坛，自述虽"饱尝忧患"，但"受人愚弄，被人排挤，以洁身而遭污辱，以善因而得恶果，直视政治为罪恶，社会为蛇蝎"，有自解，更感厌恶，唯愿在"闭门终养"中度过余生。如果真这样，他只能以失败政客留名青史。

熊希龄晚年之所为，为个人历史翻开绮丽的篇章。开端是1917年的顺直救灾。时河北境内天雨连绵，山洪暴涨，五大河溃漫，灾民逾六百万，为"五十年来所未有"。他感慨"出仕十余年，从未直接为民做事"，乃允出任京畿水灾河工督办，为赈济灾民、根治水患尽了心力。此后筹赈五省旱灾、筹赈湖南兵灾水患，以及救济京师贫困老弱，组织世界红卍字会，他都积极参与，建立甚多。当然最重要的是成立香山慈幼院。他看到持续战乱和天灾，使许多幼弱儿童无家可归，更遑论教育，有限的赈济根本无法解决，决意成立永久性儿童教养机构，选中了距离京城30里的前清行宫静宜园。当时此地尚属前清皇室管理，他动用各种资源，获得允许，乃召集名流富贾，征集善资，成立机构，建立校园，到1920年成立香山慈幼院。最盛时在校学生多达近1 670人，从日常生活到文化教育，乃至人格养成、生存技能，都由院方负责。熊希龄时时感到人员众多，经费紧张，虽竭蹶支撑，仍举步维艰。他以自己的人格精神和工作实绩，得到公私各方支持。到1931年夫人朱其慧去世后，他更"深感家产私有观念甚属无谓"，乃邀请亲友成立"熊朱义助儿童幸福基金社"，将个人所有动产、不动产全数捐献社会，在北京、天津、湖南开办12项慈幼事业。所捐包括公债票、股票、房契三项，总计大洋27.5万，白银6.2万，且全部说明收入来源。他时有二女已嫁，一子残疾，自己六十三岁，仅每月取息400元作生活费（己250，子150）。就我所知，当时1元可开一桌酒席，3元可为住家保姆一月薪资，可知他捐款之巨大。这种倾家资全部付与慈善之行为，古今均属罕见。

熊的最后十年，南京政府成立，民族危机加剧，他以北洋旧人的身份，积极参与抗日工作，也足动人。上海一·二八事变，十九路军浴血奋战，他致电军方，要"集社会资力，共商抚恤遗族办法。凡殉难将士之父母、兄弟、姊妹、妻子之抚恤，均为设法照料。其无父母之子女，则尽收入各慈幼院及其他孤儿院为之教养，以慰忠魂而励将士"，认为这是"国人后死者之责，决可使其放心瞑目也"。长城抗战，他率长女及救护队亲临前线，臂缠红卍会袖章，白髯飘飘，慰问演讲，激励士气。行前更自书圹文云："国难方殷,余当以身许国,马革裹尸,或遂其志。"做好牺牲的准备。淞沪战起,他恰从青岛迁沪,表示"国难当头,余亦国民一分子,应为国家社会稍尽义务,以求良心所安"。乃设临时伤兵医院4所、难民收容处8处,医治伤兵8 000多人,收容难民2万余人,日以继夜,劳心劳力。南京沦陷方仓惶离开上海,到香港仅一周就因旅途劳顿,加上刺激太深,突发脑溢血去世。

熊晚年另一件轰动全国的事情,是以六十六岁高龄,迎娶三十六岁的毛彦文为妻。不但婚礼隆重,要客云集,加上"老夫六六,新妻三三,老夫新妻九十九;白发双双,红颜对对,白发红颜眉齐眉""旧同学成新伯母,老年伯作大姐夫"之类谐联风靡一时,更使中外瞩目。熊与妻朱其慧伉俪情深,妻亡时他已61岁,本无意再娶,同穴墓也做好,夫妻共同财产全部捐出。改变初衷的原因,一是其女熊芷与内侄女朱曦的撮合,毛与朱为早年同学,二是他对毛的好感,特别是希望由毛继承他的慈幼事业。毛为浙江江山人,金陵女大毕业后,赴美国密歇根大学获教育学硕士,当时很少见。当时毛任职于复旦大学,朱曦、熊芷劝说数月,毛方允接触。熊此后致毛第一信,自述"国难、家难同时并作,仆之观念消极万分",加上病魔缠身,"仅欲得一看护,照料病躯而已"。又称"自觉生命将及垂萎",得毛消息,"仆不仅为个人家庭幸福庆,且为所办慈幼教育事业无量数之儿童幸福庆",即包含公私两方面之考虑。毛当然也有女性应有的慎重与犹豫，熊写了大量述情诗词，也曾俯躬到复旦宿舍久候，终于功德圆满。老少婚当然引起许多揣测，男重色，女重财，毕竟是一般认识，事实则是基金会因熊新婚，建议将熊捐款全数退回，为毛拒绝，仅略增生活费而已。熊逝世后，毛随南迁之慈幼院奔走西南，将熊的工作继续光大。二人实际婚姻虽仅两年余，毛后终身未再婚，九十岁后与当年的香山孤儿一起，将熊之遗骨自香港迁葬香山，为这一惊世婚姻画上最后句点。

作为政治家，熊希龄建树甚少，所作也颇多争议，但作为中国近代慈幼事业之开拓者，则在历史上留下浓重一笔。他是一位传统士人，家国情怀始终萦绕心中，他也是一位新派人物、一位了解西学的理财家、一位虔诚的佛教徒，以慈爱之心恪尽社会责任。他的作为，值得今人记取。

章太炎先生的最后五年

2014年6月在浙江余杭召开《章太炎全集》首批八册出版座谈会,我曾参加,当时估计全集最后完成,似乎至少还要五到十年,无论文献之搜辑、整理、鉴别、出版,难度都非常高。真没想到仅仅三年后,全集已经圆满且保证学术质量地出版问世,在此应该对所涉各方,包括章先生家人之鼎力支持,整理者之殚精竭虑,出版社之投入把关,以及余杭地方政府之竭诚资助,表达充分的敬意。

因为我不治近代学术与近代史,对章先生最出色当行的经子小学也所知甚少,仅能就粗浅之阅读谈些看法。

在三年前的出版座谈会上,我主要谈在《太炎文录续编》中文章所看到他贯穿始终的国家民族大义方面的立场。包括1932年上海淞沪停战以后,他写了关于"一·二八"事件过程的叙述,对十九路军抗日业绩的赞颂,包括他为段祺瑞等许多北洋旧人所撰寿序或者为国民革命牺牲的其他人物写的碑志之中,能感觉到他是坚持一贯立场,完全是基于国家民族大义,不是为个人。他的生命最后五年和他早年思想并未有任何隔绝和改变。

在最近出版的《太炎文录后编》《书信集》以及哀挽集中,有更多的新信息,揭示他晚年积极入世,参与民族生存斗争的所作所为,许多内容至今读来,均足令人动容。

热河抗战发生后,他多次驰书国民军总司令冯玉祥,认为"今日可与敌人一决雌雄者,惟兄一人",并乐于见到冯与张学良之接洽,告诫在民族危机之时不要过多考虑个人荣辱进退:"但求立功救国,何论名位高卑乎!"他还为冯具体出主意,认为冯"所据察哈尔地方,本七国、秦汉间云中定襄旧郡,与郭汾阳倡议朔方何异",即指出热、察一带是可以兴王,可以成为民族复兴的主要基地的。在热河战事结束后,他更建议冯重视培养人才,为长期抗战作充分准备。他致信宋哲元,赞其所部虽军备未充,"而能挺进肉搏,一战杀敌万人,岂独甲午以来所未有,即远溯鸦片战争至今,曷尝睹此"。尤其关注河北特别是北京一带军事、文化之动态,如北京大学可能南迁,对伪主溥仪可能南据旧京,对北京可能成为首度沦陷之地等问题。他给冯长信,不无忧虑地指出"嗤嗤群氓固已望敌之入矣",愿当汉奸者大有人在,他警告冯不要如蒙恬、岳飞那样自弃武装,束手受戮,而应以一年为期,"捐猜疑,除苛政,明赏罚",达成"兵练械精",迎接更大的战事。虽然抗战全面爆发在太炎先生身后一年多,但他早在近两年前就已经看到中日间必有一战的大势,亦部分了解"中枢亦渐有经画"。

众所周知,由于历史原因,太炎先生与孙中山、蒋介石一系成见甚深,来往不多,但在民族危机暴风雨将来临之际,他也无心计较以往的恩怨嫌隙。东北事变后,他在与人通信中,谴责"有此总司令、此副司令,欲奉、吉之不失,不能也",还提起日相币原"口称孙总理本愿放弃东三省"之旧事。对国民党内各派系之纷争,他能不计个人关系之疏近,谴责粤方挑动内斗为卖国贼。他说:"吾之于人,心无适莫,平日恶蒋殊胜,及外患猝起,则谓蒋之视粤,情罪犹有轻重,惜乎阎、冯不得闻吾言也。"即在最大几个军事集团中,他不顾以往鄙蒋最甚的个人意气,认为蒋之决不肯履行弃东三省,有为抗战长远规划的立场,远胜张、冯、阎、粤诸人。他在1932年初与熊希龄、马相伯等联名给国民政府诸要员通电,认为"国为四万万人民公器,国民党标榜党治,决非自甘亡国",要求"捐除一切,立集首都,负起国防责任,联合全民总动员,收复失地,以延国命"。十九路军抗日战起,他更与诸名贤致电林森、蒋介石、汪精卫,主张实行全民总动员,支持沪上抗战,认为"当国者不力为后援,与共生死,而反以柔媚之术,与强敌为好言,岂徒自毁长城,亦悖乎国民心理矣",要不然"众怒愤盈,无所宣泄,义旗所指,将在何人",不免激起民变。

为中国抗日寻求国际援助,他也做了很大努力。1933年2月,他与马相伯联名在《申报》发表两件《告世界人民书》,严正指出东三省称满洲,决非正称,其地从汉唐以来就是中国领土,决非藩属,而东北人口,汉人有三千万,满人不过百余万,严厉谴责炮制满洲国之有悖历史,有违国际公例。他给参与国联满洲调查团的著名外交家顾维钧去信,列举历史上因出使"或囚或杀"的洪皓、左懋第为榜样,希望顾慷慨成行,藉此揭露日本拼凑满洲国、分裂中国的阴谋。他说:"足下此行,为日人所忌,其极不过一死耳。牺牲一生,而可以彰日人之暴行,启国联之义愤,为利于中国者正大,岂徒口舌折冲所可同比耶!"虽然鼓励顾要不惜一死以求真相,有些责人过甚,但此责人也正是太炎先生所愿自任者,知他虽自感身体已甚衰竭,但报国之情全未稍减。

"一二·九"学生爱国运动爆发后,北平当局拘捕了一些学生。章致信北平行辕主任宋哲元,认为"学生请愿,事出公诚,纵有加入共党者,但问今之主张何如,何论其平素",请宋保持清名,释放学生。上海学生也组织请愿团北上声援,当局竭力阻挠,甚至诬以共党之名。章先生在《申报》发表公开谈话:"对学生爱国运动,深表同情",要求政府"善为处理,不应贸然加以共党头衔,武力制止"。对租界日军因在马其昶子马根质书堆中发现抗日救国会宣传员徽章而将其逮捕,他不惜屈尊给日军野村司令去信,要求立即将其释放,"以全读书种子"。对于奔赴热河抗日前线的爱国学生,他不仅亲自资助,更给有力者写信,要求给以后援。

当然,章太炎在历史上,与北洋旧人及国民党反对派关系深厚,在1930年代也为这些人物写了许多文章,但从大端来说，都能把持大节，坚持原则。段祺瑞在河北危机加剧之际，响应蒋之召唤，迅捷南下，章对他的人生选择多有赞誉。他为吴佩孚起草《申讨伪满洲国电》，谴责溥仪"受日人唆使"成立伪满，"警报传来，不胜发指"，代吴表示"方今于四海横流，国亡无日，佩孚以退处之身，不能默尔"。他为孙传芳写墓志，也特别认为他服膺黎元洪语："沦于异族，不如屈于同胞"，对他之知大义给以肯定。他写陈炯明墓志，特别说到他败后，居香港，"倭破关东，君如天津觇国。倭人或说君与同谋。君言返我东三省，我即与汝通好，非是无可语者"。

还可以提及两件书信。一是致张季鸾书，强调"中国今后应永远保存之国粹，即是史书，以民族主义所托在是"。二是书信集最后一篇与蒋介石书，直可视为他对国事之最后遗言。他告蒋日人对津沽不断增兵，虽还只是武力胁迫，但危机日剧，他建议蒋与冯、阎携手合作，力守河北山西，绝不能轻言退让，直言黄河之无法固守。对于晋北之共产党，他虽认为"欲北据河套，与苏俄通声气"，所见有偏见，但也看到"其对于日军，必不肯俯首驯伏明甚"，至少可以民军视之，亦具国共合作抗日之雏形。

章太炎去世时，鲁迅在上海，但没有参加悼念公祭，连挽联也未送，似乎有些失礼。但在他生命的最后十天，则连续写了《关于太炎先生二三事》《因太炎先生而想起的二三事》，深情回忆众多往事，赞颂"战斗的文章，乃是先生一生中最大、最持久的业绩",但也批评乃师晚年之"身衣学术的华衮,粹然成为儒宗","既离民众,渐入颓唐","用自己所手造的和别人所帮造的墙,和时代隔绝了"。看来,师弟二人的最后十多年,真是非常隔膜,全无所知了。因为《章太炎全集》的出版,我们可以读到更立体的一代大师在生命的最后几年,一直保持早年的血性,一直坚守民族爱国主义的立场。

　　以上所谈,希望可以给章先生遗嘱"若外族入主,务须洁身"作一注脚。

张钫与河南赈灾

　　前几年电影《一九四二》述河南灾情后,蒋介石到张钫家借款借粮,张允出一半家产赈灾,与史实有很大出入。据李鸣考证,事在1942年9月3日,蒋巡视西北各省后,到西安召见第一战区司令蒋鼎文、河南省长李培基、军事参议院副院长兼河南旅陕同乡会会长张钫,垂询豫灾,拨款一千万,并大幅减免税赋。虽有出入,但说到河南救灾,就必须提到张钫,他是河南赈灾的关键人物。

　　张钫(1886—1966)是河南新安人,清末从军,为陕西新军辛亥起义的核心人物。民初袁世凯任他为陆军中将,孙中山委他为中华革命军豫陕联军总司令、会办陕西军务,以后在北洋政府至南京国民政府时期,历任要职。他又兴办实业,富甲一方,在豫、陕两省久具人望。

　　早在1929年,蒋冯战争时,张钫就曾以河南建设厅长及代省长身份,兼任河南赈务委员会主席,在开封办粥厂六个,为灾民提供参军做工、上学读书的机会,倡议成立灾童教养院。1935年伊洛暴涨,偃师县城陆沉,他复发动河南各方募捐集资,重建偃师新城。抗战初期黄河花园口决堤,这一迟滞日军南下举动的直接后果,是造成数以百万计的豫省灾民。张钫作为豫籍人士,又曾主豫政,毫不犹豫地将为灾民救赈、安置灾民生存、为灾民谋求生活保障,作为他的主要任务承担起来。他以军事参议院副院长的身份,在西安成立豫灾救济委员会,设立两个难民收容所,先后接待难民逾千人,提供食宿,再安置到甘肃、宁夏、新疆落户。同时,他向国民政府提案,要求落实救济黄灾办法。

1942 年,河南大灾,大批难民涌入西安,原先的收容所已经不能承受。张钫以自己的威望,约集旅陕河南名人、巨商及陕西各界官商,到自宅开会,商讨救赈事。他在西安广设收容所,并借各学校教室供灾民住宿,变卖家产购粮赈灾,自己的丈八沟豪宅也让宅民进住。1944 年,日寇窜犯河南,河南学生和灾民数十万人涌入陕西,张钫动用一切力量加以救济。他晚年谓平生有二大快事:其一,在灾民大规模进入西安时,他"电话警察局,请以余名转告全市居民,每户漏夜蒸馍六斤,拂晓送站救济难民,均能如时送到"。其二,"又在龙驹寨一小乡镇,筹款数百万,救济难民学生,并令其临时结队西上,余则乘车前行,请沿途预备食宿,幸使数万流离青年安抵西京"。

灾民的安置与救济仅能解决眼前困境,长期而言则要为灾民提供生计。张钫提请政府落实五万灾民移垦河西,申请三千万元,筹办西北移民垦干班,并条陈七事,认为移民有关国防,要有组织,有培训,并区分为移农、移工、移商、移兵四项。这些举措,得到部分落实,在甘肃形成众多河南村。对逃陕学生、教员,更要安排住所,发放口粮,提供学习条件。1945 年 6 月,他在西安皇城召集在陕河南各中学师生会议,畅谈河南对抗战的贡献,更说到自己的责任:"你们这么多教员学生到西安来,一个月三斗八升的口粮,还是我这个参议院副院长拿老牌子给要来的",要师生报效国家,报效乡里,"永远不要忘记自己是河南人"。

抗战胜利后,张钫组织安排灾民返回乡里,重新建设,但当时内战初起,赋税高悬,河南省议会组织灾情哭诉团,到南京、上海请求减免税赋。在南京虽奔走各院部,但备受冷落,成效甚微。到上海后,张钫参与接待,先在四马路杏花楼宴请哭诉团全体,然后约集上海各界成立河南赈灾上海市筹募委员会,又求得杜月笙支持,在虞洽卿公馆举办哭诉团招待会,邀请社会名流,连孔祥熙都到了,并当场允诺尽力拯救河南灾民。随后又拜访联合国善后救济总署代表,争取了大量物资救助。梅兰芳也出面组织书画义卖,所得全部捐赠。那时张钫声望很高,蒋既不重用他,也不愿开罪他,他因得缘为乡梓做了大量实事。

早年读岑仲勉著作,屡引《千唐》,竟不知为何书,稍晚方知是张钫收藏一千多种唐代石刻的总汇,各大学多有整套拓本收藏,非个人能购置。不久文物出版社就出了影印本《千唐志斋藏志》,据说因是张之后人在台湾位居要职,方有此议。近年则知同学李鸣是张钫外孙女，2006年在京见到，将从中国银行办公室退休，邀饭时，出示张家故物与亲属合影，说退休后余暇，拟作先外祖之研究，我亟表赞同。李鸣坚持了十多年，走遍南北各图书馆、档案馆搜寻文献。她精力充沛，性情开朗，万事不以为难。比方到档案馆，如果是我，总觉得麻烦别人太多，足未进而趑趄，口欲言已嗫嚅，李鸣则不然，推门进查阅大厅，即高呼："大家好，我来查档案了！"所得尤富。先期所得编为《纪念张钫先生文选集》（时代文献出版社2012年），属我作序。陆续所得又倍之，更得她在台湾众多热心的表兄表妹帮助，2017年出《纪念张钫先生文集》赠我，真做到老有所为，我也得多知张钫往事。

张钫是近代罕见的福将。他早年因在辛亥革命中发动陕西新军起义而彪炳史册，后历经鼎革，始终不倒，长为上宾，得各方礼遇。平生出入军、政、商、学各界，各有建树。陇海线开建时，他在河南主政，开掘所得汉唐碑石，全部用军车辇归故里，建千唐志斋收存，复以全拓分售各公私图书馆，世不以为非。他有家学渊源，伯祖张宗泰有《鲁岩所学集》，为阮元所称道。他早年著《历代军事分类诗选》，蔡元培序称其"振国魂而御外侮"。晚年著《风雨漫漫四十年》，回忆一生经历重大事件，近距离接触民国诸大佬之观感，极其精彩。他携全家赴台后，复被派回陕川边，在川北归诚，蒋不疑其叛，对其子弟部属仍有信任。1953年其母在台湾去世，他请假欲赴台湾奔丧，也没引起芥蒂。这一切,不仅因他辈分高,具人望,办事坦然,更因他的彻悟人生,洞达生死。他自题千唐志斋联:"谁非过客,花是主人。"正是他的人生体会。

修补战火烧残的学术

又到七月七,七十九年前卢沟桥的枪声改变了四万万中国人的命运,数十所大学内迁写下中国教育史的奇迹。今人每谈西南联大,谈李庄的同济和史语所,都不胜唏嘘,由衷感佩。还可以指出战时的学术与出版,今人读《全宋词》,几乎都忽略了其初版地点是焚城前的长沙。我在这里再补充一个小故事。

业师朱东润先生早年留学英国,归国后也以教授英文为主。1931年,应武汉大学文学院院长闻一多之请,开设中国文学批评史课程,发现仅有的一种著作是陈钟凡所著,篇幅仅七万言,叙述重古轻近,评价也颇失衡,乃决意自编讲义。讲义开宗明义即要解决文学批评之原委、宗旨与分类,乃兼采中西先哲之说,既赞同英人高斯"对于文学或美术之创作,分析其特点及性质,公之于世,而其自身复成为一种独立之文学"的说法,又追溯自曹丕《典论·论文》至清贤《四库提要》的种种"远则究于天人之际,近则穷于言行之郛"之高论,梳理历代文献,务成一家之言。1932年在校内印出《中国文学批评史讲义》第一稿,分四十六章,至钱谦益止。次年出第二版,写至清季,前稿也有较多增订。此书主导观念深受西方文学影响,内容则全面梳理三千年批评文献以成编。

1936年后一年多，朱先生倾注全力，改写第三版，期成定本，到1937年秋冬间大致底定，上半部排出校样，下半部部分交厂排印，最后完成部分则暂存行箧。这时战火已遍及大半个中国，先生完成这学期课程，匆忙返乡，不久武汉沦陷，武汉大学西迁四川乐山。先生于次年冬接到学校通知，带上完整的第二版讲义和第三版前半部校样，西行万里，抵达新校。有赋述西行见闻感慨，末云："值风雨之飘摇，犹弦颂之不息；斯则诗书之渊泉，人伦之准式，至治待兹而裨赞，鸿文于斯而润色。"

此后几年，郭绍虞、罗根泽的批评史陆续出版，虽皆未完成，但有新的格局，友人知朱先生有讲义，敦促尽快整理出版，但先生的困难则是，自己满意的第三次修订本，后半部留在武汉，且历经战火，无法期望还能收回。再三犹豫，最后采纳老友叶圣陶的建议，将第三版的前半部和第二版的后半部拼合，改定为《中国文学批评史大纲》，1944年由重庆开明书店出版。章培恒先生评此书，一是"中国文学批评史框架的奠定"，二是"新颖文学观念的贯彻"。至于以文言行文，则与武汉大学旧学风气有关，能为旧派接受，也示新学者之旧学根柢。

1946年从重庆东归途中，先生在武汉停留三日，取回寄存的三箱书稿，估计其间有1937年修订稿的最后十八章，但当年交厂的部分，则已杳如黄鹤，再难追踪。十八章残稿，先生一直保存着，但后辗转多校，生计不定，再加山河鼎革，风气遽变，也无意再作重写。《大纲》1957 年、1984 年新版,皆维持旧貌,改动甚微。

前两年编次先师遗文为《朱东润文存》,又适值抗战胜利七十周年,总想此书第三稿讲义下半部或还有存在天壤间之可能,多次托友人查询武汉大学档案,终告不存。虽遗憾,也终于能下决心就现存文本作局部的修复。经年余努力,大致完成。2016 年是朱师诞辰 120 周年,准备以此书新版以及最后一部著作《元好问传》的出版,作为纪念。

新版《大纲》正编以 1944 年版为依据,最后十八章则据先生自存 1937 年修订本原稿。原稿内容皆为清代文学批评,于王士禛、吴乔、刘大櫆、沈德潜、袁枚、曾国藩诸家论述改动较大。《清初论词诸家》,原本述四家,残稿本增至八家。另新增郭麐、翁方纲、包世臣诸人的论述。《大纲》定稿时删弃之原讲义内容,凡具有学术参考价值者,皆节录加注于相关内容之下。遗失的修订文稿,则据先生自存四种讲义中的自批,稍作辑录,藉期保存遗说。至于先生历次讲义留下数量巨大的批注,内容一是补充文献,二是纠正愆失,三是提示讲授中的细节,还来不及整理,只能留待以后。

这样整理,是否合适,我是一点把握也没有。先期披述,期待读者有以赐教,更希望得到意外的线索。

《中国文学批评史大纲》校补本的新内容

　　2016 年 7 月 11 日,《文汇读书周报》发表拙文《修补战火烧残的学术》,介绍朱东润师之名著《中国文学批评史大纲》于抗战特殊时期在重庆出版,定稿的后半因战事失落在武汉,只能以定稿之前半与 1933 年本《讲义》之后半拼合成书。定稿的后半有 18 章战后复得,另 25 章则已失去。2016 年适为朱先生诞辰 120 周年,乃根据先生自存 1932 年、1933 年、1937 年、1939 年四次讲义,以及定稿残稿,重新整理为《大纲》校补本。恰值抗战纪念日,故先期介绍。刊出后,编辑转告读者意见,希望了解更多的细节,也希望知道校补本有哪些新内容。此书可于月内出版,我也乐意在此再做些介绍。

　　朱先生讲授文学批评史,是接受时任武汉大学文学院长闻一多教授建议,1931 年始授课,次年校内印出第一版讲义,题记讲到当时唯一的专书,即陈钟凡《中国文学批评史》,肯定其“大体略具”,但也批评其繁略、简择、分类不能尽当,行文时,则陈书已有者不妨暂缺,全稿写到明末钱谦益止。1933 年讲义即不考虑与陈书之交涉,将清一代二十多节全部写出,对前次讲义也有很大改写。1936 年至 1937 年,又用一年多时间再度增改写定,无论文献的补充或是论述的准确性,因有多年的教学实践,又有系列专题论文的发表,较前二稿有很大提高,增删亦多。定稿虽缺了 25 章,在前次讲义的批校中仍有痕迹可寻。我特别感到,一部现代学术名著的诞生,其前期必有充分的学术准备和反复推敲,恰好先生四次讲义的印本都有所保留,讲义各本都有先生讲授时留下批注,加上残存 18 章定稿残页,可以整理出新本。新本除最后 18 章改用定稿之正文外,对可以看到的历次修改痕迹,也尽可能地予以保留,对已佚定稿也作了勾稽考索。此书曾是上海古籍出版社前身古典文学出版社 1956 年成立后出版的第一批著作,上周古籍社举办六十周年庆典,《大纲》此时出新版,也是难得的纪念。

《大纲》有几章在讲义基础上几乎全部重写,我也将初稿保存。如首章为全书之总纲,初提英人高斯(Edmund Gosse)《英文百科全书》《文学评论之原理》之说,认为文学批评是"判定文学上或美术上的对象之性质及价值之艺术"。《大纲》则更多强调民族文学特色,认为"主持风会、发踪指使之人物","折衷群言、论列得失之论师"及"参伍错综、辨析疑难之作家"所发之议论,"皆所谓文学批评也",取径更宽,也更符合论述之实际。先秦批评,讲义最初仅一章,从季札观诗谈起,《大纲》分列二章,将季札删去,评价更精当完整,旧稿仍存,见修进之迹。

1937 年定稿残本,这次是首度完整发表,修改幅度很大。其中新写部分有翁方纲、郭麐、包世臣等章。今人多称翁之诗论为肌理派,先生似乎是首次将翁拉入批评史研究对象的学者,仅附于王士禛后,认为"谓神韵之说,出于格调","言诗主肌理,自谓欲以救神韵之虚",足成一家说。包世臣最有名的著作是论书画的《艺舟双楫》,先生则举其论文诸篇,赞誉其"斥离事与理而虚言道者之无当","通八家之藩而得其窾要"。此外,增补内容较多的部分,论诗则王士禛、吴乔、沈德潜、袁枚各章增补较多,如沈下增加讨论温柔敦厚为诗教一节,袁枚增写论性情一节,都很重要。论文则刘大櫆、曾国藩二章有较多增改,章学诚部分增加一节。刘下增气盛、音节二段,曾下增改尤多,如云:"姚、曾论文,同主阴阳刚柔之说。惜抱所得,于阴柔尤深。"曾"所得者于阳刚为近,故屡言好雄奇瑰玮之文,而所以求之于行气、造句、选字、分段落者,言之尤累累。"应是早年得闻唐文治先生授古文时所特别看重的见解。

新本保存了几本讲义中当年删弃或改写较多部分的内容。整章删去者有《王铚谢伋》一节,主要谈宋人的四六批评。四六指宋代的骈文,主要用于官方文件和人际应酬,古文占据主流后,渐为文学史所忽略,但其体式其实有许多变化,也有不少名篇。从朱先生遗稿看,是否在《大纲》保留此章,颇多犹豫。现在附存此节,足可参考。另外讲义曾以"苏辙张耒及惠洪"为一章,定稿时将苏辙、张耒二人附在苏轼后,将惠洪部分删去。近年学者关心宋代禅僧诗作及其诗论,先生特别注意到惠洪论诗"主明理",所提"妙观逸想一语,别具会心","其言至可玩味",

極玄集

諫議大夫姚合纂

王維

祖詠　李端　耿湋
盧綸　司空曙　錢起
韓翃　暢當　郎士元
皇甫冉　皇甫曾　李嘉祐
靈一　朱放　嚴維　劉長卿
戴叔倫　法振　皎然　清江

此皆詩家射鵰之手也合於眾集中更選其極
玄者免後來之非凡二十一人共一百首

極玄集

送晁監歸日東
王維三首

積水不可極安知滄海東九州何處所萬里若
乘空向國唯看日歸帆但信風鼇身映天黑魚
眼射波紅鄉樹扶桑外主人孤島中別離方異
域音信若為通

送丘為

憐君不得意況復柳條春為客黃金盡還家白
髮新五湖三畝宅萬里一歸人知爾不能薦羞
稱獻納臣

觀獵

叶家花园

唐文治先生像

唐文治先生双寿祝嘏摄影(1947年)

庆祝张元济先生九十生日摄影 (1956年)

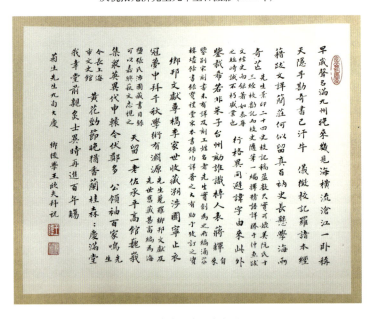

王欣夫书赠张元济寿词

张钫千唐志斋外景（仇鹿鸣2007年摄）

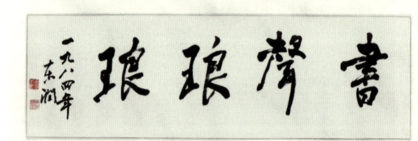

朱东润先生为复旦大学曦园题词 (1984年)

朱东润先生与福建师范大学来访学者合影，
前为曾外孙女吴大东（1987年3月）

本书作者与学生张春晓合影 (2019年7月)

本书作者与学生朱红在泰兴朱东润故居合影 (2018年5月)

都具特见。此外,各章节多少不等地删掉一些有关文学风会与文人为人之议论,估计是为保存文学批评的主线,将枝蔓内容削除。所删部分,也有许多独到的认识与评论。如评价元初方回之为人:"其生值首鼠两端之时代,其人为自相矛盾之人物。故当蒙古南侵,开城降虏,而抗志古昔,自比渊明。流连杭郡,耽情声色,而伪附道学,动称文公。"颇鄙夷其为人,但又肯定他"论诗盖一极精微之人,持论往往细者入于无间",并揭发其论诗诸多矛盾之说,甚具眼光。述元明南北曲演进大势,则云:"北曲盛行,始于金元,至明初而南曲复盛,是后二者争为雄长,而南曲之迈进,迄非北曲所能比拟。至于中叶以后,昆曲完成,而南曲独擅一时矣。元人杂剧率以四折为主,南曲演进有至数十折者,此其繁简不同也。元剧之中,方言俚语,往往迭出,迄于明人,虽一面推为行家,重其作品,而方言之势已渐衰,迄不能振,绮语文言,代之而兴,甚至宾白全用对偶,此则文质不同者又一也。论者或仅就文体一方,判别时代,而慨然于剧曲之渐漓,此言非也。文学作品,惟戏曲所受时代之影响为最大,诗文之作,虽不获见于当时,尚可取信于后世,故作者尝有以自负,不易为时代所左右。独戏曲之与观众,其关系至切,无表演即无戏曲,凡不能取悦于观众者,其作品即无有流传,故观于元明剧曲之变迁,而元明两代观众之情状,略可知矣。"对皎然《诗式》之评价,则云:"《诗式》文章宗旨一条,论谢灵运之诗得学佛之助,于诗家境界,颇有见地。其他之论,虽称述祖烈不无过誉,然熟读谢诗,自抒己见,过而存之可也。"对曹植文论之批评,亦颇一针见血:"或谓子建《与杨德祖书》备述当时作者,茫无定评,此或语本泛泛,意非评论,遽加讥弹,宁能尽当。然植之论文,确有笼统之病。……此种春荣清风,高山浮云,秋蓬春葩,洋洋皜皜之辞,托义若甚高,案之于实,不得其命意所在。后来文家撰述,多用此例,徒见辞采,无裨论断,皆曹植为之厉阶也。"也非通人不能有此认识。前后删改,当然有研究斟酌中见解的变化,也有评价分寸的把握,因其中皆不涉旧说之谬误,附而存之,足供今人参详。

在自存讲义中,还夹着当年授课时的几份考试题,我也接受出版社的建议,移作附录,藉见当年授课之实况,录一题于下:"萧子显云:'若无新变,不能代雄。'此文章贵新之说也。元好问云:'苏门果有忠臣在,肯放坡诗百态新。'若有不满于新者,何也?能折衷于其间耶?李德裕论文章,'譬诸日月,虽终古常见而光景常新',果有是耶?所谓常新者又何指,试抒所见。"

冯振与无锡国专

无锡国专三十年，一以贯之的校长是唐文治先生。谁是第二人？也绝无争议：冯振。抗战最艰苦的八年，冯振先生任国专代校长，带领南迁的国专在广西坚持办学，写下抗战教育史上难能可贵的一页。

冯振（1897—1983），字振心，广西北流人。少年游学上海，1912年入南洋中学，因得师从唐文治，写诗则师从石遗老人陈衍。二十岁后回广西，任教梧州广西二中和北流中学，1923年任北流中学校长。1927年，任无锡国专教员，寻兼教务主任，时年三十一岁。

抗战军兴，国立大学奉政府指示，纷纷内迁。国专是私立学校，迁否自可选择，但唐校长始终以维持人道、挽救世风为己任，坚守人生大节。江南相继沦陷，于1937年11月14日率全校师生避寇南迁。一路艰辛备尝，志不稍减。岁末到株州，偶与大队失散，天雨泥滑中，朗诵《小雅·何草不黄》："匪兕匪虎，率彼旷野。哀我征夫，朝夕不暇。"声泪俱下，诸生动容。七十三岁老人，双目失明，水土不服，经众人劝说，同意经香港回上海，临别委冯振为代校长。

1938年2月,师生到桂林,选址市内环湖北路。年末,武汉、广州失守,桂林告急,国专乃迁北流山围。次年,迁北流萝村。也就是说,冯振将国专带回了自己家乡,借得农庄二十多间和石山盘石小学作为校舍,将自家住房全部搬空,作为师生住房。没有经费与粮食,把自己的钱和自家粮食全部拿出来。冯家是北流大族,清代曾中过两名进士,是富裕乡绅。国专以往主要靠无锡实业家捐助,到了广西,情况变了,两百多人的生活与学习,靠冯振竭蹶支撑,可以说是毁家办学。这几年中,他的六个孩子死了三位。其中一女死于奔波劳累,患病无医,儿子冯森从军服役,因背疮去世,卒前于枕上刺"闻鸡起舞"四字。冯振悼儿诗云:"久病经年气尚雄,闻鸡壮志竟成空。翻思恢复中原日,告汝凄凉累乃翁。"感慨自己连累儿子早逝。

冯振坚持维护优质教学,努力聘请最好师资。北流期间,所聘教师有梁漱溟、钱仲联、张世禄、饶宗颐等,还有广西通志馆馆长封祝祁讲唐诗,前中山大学历史系主任郑师许讲中国文化史,还请巨赞、吴世昌等来讲学。梁漱溟晚年撰文回忆,他在抗战间,首度到桂林在1941年3月,因国专迁北流而未得造访。到1942年再到桂林,冯屡函相邀,终在国专开设《中国文化要义》和《中西文化及其哲学》两门课。梁不食荤腥,冯夫人每餐为他做素食,亲自送来。梁51岁生日,冯邀巨赞法师设素餐为他祝寿。梁也倾力支持,建议成立校董会,由梁出面邀请白崇禧老师李任仁和桂系大佬黄绍竑等为校董,由他们出面向社会募捐,得暂时纾缓困局。国专在广西也一直坚持招生,为广西培养国学人才。

冯振是当时有名的旧体诗人,存世有《自然室诗集》。国专南迁后,留下大量诗作,记录艰困办学的实况和感受,堪称诗史。始发无锡作诗:"铁鸟盘空瞰不休,相机逃命夜难留。一家八口成孤注,三日兼程局小舟。乘暮车驰如脱兔,夺途军退类奔牛。常州戚墅惊心骨,伫待招魂到润州。"时在南京失守前一月。《武昌登黄鹤楼》:"黯黯东南倾半壁,茫茫西北是神州。浪淘人物今何处? 早起英雄孙仲谋。"所谓世乱而思英雄拯世。1944年,日寇困兽犹斗,乘长沙战局之变化攻陷桂林,冯振带国专师生再度奔走道途,避居蒙山。有《蒙山开课示诸生》云:"播迁忽已七年余,又向蒙山强托居。危难久更心转壮,苦甘可公意先舒。力如未尽休安命,事尚能为早读书。竖起脊梁坚定志,澄清大业早登车。"真是越挫越坚,与诸生互相激励。"事尚能为早读书"值得记取。在蒙山文尔村,钟文典一家接待国专师生食宿,冯振作《避寇蒙山寄居文尔村钟府仲纯文暨文海文会诸昆季殷勤接待慰藉备至感谢不足赋此以谢》:"蓬飘念我无根蒂,慰藉殷勤比弟兄。寇至入山同草屋,食悭与我共藜羹。语言所露唯肝胆,患难真堪托死生。归告妻孥应感激,乱离犹得酒频倾。"诗题所列诸昆季应为钟文典的父辈,钟晚年回忆:"当年晨读情况,至今仍历历在目。"大塘岑家兄弟让出一幢大楼,让师生住宿,冯振作《赠岑拔萃佩奇昆季》云:"岑家兄弟气和柔,耕读传家进退优。生计稻田兼柚圃,分居东屋更西头。感君子美万间意,卧我元龙百尺楼。更许朋侪安稳住,满天风雨不续愁。"这里看到广西乡绅在国难中的无私资助,更看到国专师生迁徙中坚持进学之风气。冯振也时时关注战局安危及政事得失,发于诗章。《桂林柳州相继失守悲愤填膺感而赋此》:"世间怪事真难说,大邑通都一炬休。只道西南撑半壁,忽惊桂柳失金瓯。奇谋谩自夸焦土,死守何人据上游。十万灾黎抛掷尽,宜山西望泪难收。"对焦土抗战决策者之悲愤失望,溢于言表。国专同仁也不免对前途感到悲观,决意西行贵州。《蒙山送石渠暨诸同仁同学西征》:"频年忧患饱同更,病弱难堪共死生。临别凄凉无一语,只将双泪送君行。"这些诗,是身历战乱者之真实情感,今日读来,仍感惊心动魄,催人泪下。

抗战胜利,冯振率国专重返沪、锡,向唐校长交还校印,在国专任教到1949年。后执教桂林上庠,直至去世。

冯与朱东润师皆出唐门。朱师21岁任教广西二中,二人同事,有诗唱和。1948年复应冯邀,到国专开设文学批评史课,友谊保持终身。1972年,冯到江南看望旧友,有《上海晤朱东润》诗:"论学谈心五十年,师承卫道意拳拳。羡君身健神明旺,整理遗书志益坚。"自注:"君对整理唐蔚芝师《茹经堂遗书》抱有宏愿。"二老间有一段趣事。1929年,冯有《戏作》:"我诗或说似诚斋,我实无从读一回。渠又先生七百载,不应能似我诗来。"1934年,朱从武汉给冯去信,许他"颇似诚斋",冯戏寄一绝:"千里迢迢一纸来,我诗仍说似诚斋。头衔如许宁嫌小,只恐人讥是冒牌。"四十年后,朱复致信:"曩尝谓兄诗颇似诚斋,今则当谓诚斋似兄矣。"冯作《杂感答朱东润》以应:"我诗何敢望诚斋,活泼新鲜畅所怀。一事胜公差自幸,桑干远北是天涯。"后二句改诚斋诗,说国家一统,胜于南宋,看法也有转圜。其实,学出同光的诗人,佳评是说似少陵、山谷,诚斋诗圆熟流易,故冯不喜。在朱老,或似有意指出冯诗之硬峭生新不够。年轻时戏谑之语,本不能完全当真,二老居然较真了一生,足成佳话。

上月广西师大开会纪念冯先生诞生 120 周年,邀我而未克成行,莫道才教授仍寄来会议论文与新版冯著《自然室诗集》,读来感动不已。亟草此文,藉存景行之忱。

想到程千帆先生

读研期间,读过程千帆先生的《宋诗选》和《古典诗歌论丛》。论文完成,等待答辩期间,方知有一笔经费,可以用于访学和查资料,于是决定去南京和北京,拜访几位前辈,并请导师朱东润先生写信介绍。朱先生说,程先生的信,他要自己写,其他人辈份比他低,我们拟好文字,他签名就可。其实程先生要比他年轻十六七岁,因他们曾在武汉大学同事,故视为同辈。

初见程先生,是 1981 年 6 月,他住在南京鼓楼附近北京西路普通的教员宿舍,室内一切都很简陋,书也不多。记得坐下不久,程先生就说,像我这样的年纪,不应该只有这么一些书,动乱过后,也就只能这样了。我与同学周建国同行,各就关心的问题向先生请教,很有收获。夏间去看朱先生,说到外访诸前辈的感受,先生刚参加国务院第一届学科评议组回来,说程先生会后又到青岛讲学,感慨:"千帆是个才子啊!"

再次见到程先生,是 1986 年 4 月在洛阳参加第三届唐代文学年会,此前程先生已接续萧涤非先生担任学会会长。有两件事印象特别深刻。一是那时年轻学者都热衷探索新方法,利用会议中午休息时间开座谈会,谈如何用新方法研究唐代文学。程先生也受邀参加，坐在边上，我离他隔一个座位。到最后，年轻人希望程先生谈些看法，程先生说，我早年对西方的方法也有兴趣，做过些尝试，不能说都成功。你们谈的内容，有些我能听懂，有些不完全能理解。但既要研究唐代文学，一定要做个案，即作家作品的研究。不要仅谈方法，一定要拿出东西来。另一件事则是对我的关照。会间与杨明住一室，早晨还没起床，程先生敲门来看我，慌乱可想。坐下，程先生说读了我写的《杜诗早期流传考》，一直想来看我，他说自己早年写过《杜诗伪书考》，对杜集形成过程，一直觉得还有一些问题没有弄清楚，我的文章解答了他的一部分疑惑。更鼓励我：年轻人应该多写这样踏实有创见的文字。2008 年，当我接任学会会长时，莫砺锋教授大会发言说，那年往洛阳的火车上，程先生就说，会间我一定要去看看陈尚君。程先生的清晨来访，居然早有计划。程先生来后，我与杨明一起回访他，他室内恰有客人，见我们来，起身告辞。程先生送客回来，告诉我们，来人是陶敏，在湘潭任教，研究很扎实而细致，必能有大成就，可惜连会议正式代表都没得到，只能来旁听。这是我与陶敏初次见面，陶因右派嫌疑，刚回归学术。以后我们各有进益，与程先生这样的前辈的激励表彰是分不开的。

第三次见到程先生，是 1987 年 11 月，朱先生的博士李祥年论文答辩，请程先生来担任主席。我去老北站接人，程先生一行两人，坐了五个小时硬座，对老人来说，于路辛苦可知。程先生下车就说,朱先生要我来,我是一定要来的。接到住处,上海古籍出版社两位老总钱伯城、魏同贤已经在住处恭候。程先生没有休息,立即与两位谈起来,我在旁立听。程先生谈到古籍社对南大同仁出书的支持,马上就转说自己近期的工作情况,并介绍他学生的成就,进而说今年可交几部,明年可交几部,其中一些是很年轻学人的著作。那时学术著作出版困难,我颇惊讶于程先生说话之口气,现在体会,更见学术领袖的胸襟和气度。

整个 1990 年代,我来往南京大学极其频繁,拜谒或偶遇程先生的次数也难以计数。1990 年南京大学办第五届唐代文学年会,邀请到台湾学者团,有当时高年辈学者十多人参加,程先生号召力确实很大。第二年春,南大因办会成功,在丁山宾馆酬劳办会师生,我也受邀参加。席间,莫砺锋带程门诸生到另一室给程先生敬酒,我也附骥尾。程先生稍喝了些酒,有些兴奋,他说,我想喊一句口号:"接班人万岁!"在场的人都很感动。

1992 年,参加了程先生八十诞辰的庆贺会。让我大开眼界的是,他的学生带了许多寿联贺幛来祝贺,有重回三十年代的感觉。从许多细节也可体会南大对师生礼法的讲求。一次偶要与友人去看莫砺锋,友人一贯随意,突然严肃说,要换下鞋,去莫老师家是不能穿拖鞋的。初识莫砺锋,听说他要评副教授了,问之,他说,这些都由老师安排,我绝不过问。程先生的原则,当学生成长以后,不应该让他们为各自利益而交恶,老师应担更多责任。记得张伯伟1995年晋升教授,张宏生晚了一轮。我后来从各方证实,程先生其间曾与两人分别谈话,说明二人条件都已经成熟,总要有先后,谁先谁后是他的决定,问他们有什么想法。"老师都决定了,我还能有什么想法?"这是张宏生亲口告我的。

程先生对典籍熟悉,对旧诗文常能即兴吟诵,如数家珍。有一次与章培恒先生聊天,直夸程先生学问好。他与程先生说到自己字写得不好,程先生说字写得好不好,不影响做学问,清代章学诚字也不太好。章先生与章学诚同姓,又都是绍兴人,章学诚在清学史上地位崇高,用这来宽慰,章先生自然很受用。即兴之间能知此,更属不易。一次我与程先生聊天,历数他的学生的成就后,我说你的学生各从你这里得到了一节,即某一方面的学问。程先生当即回答:"这正是他们的不足啊!"不愧严师。

程先生晚年,很喜欢听昆曲,且经常邀请苏昆剧团到南大作专场演出,我即遇到过三次。一次是唐代文学年会期间招待参会学者,地点在朝天宫。另一次是他八十诞辰,在南大校内礼堂,我唯一一次见到匡亚明校长,就在观剧时。还有一次是1991年春,虽得邀,但受委托起草《全唐五代诗》凡例,当晚要交稿,因而没去。

我的研究得到程先生首肯者,应该还有《花间词人事辑》与《司空图〈二十四诗品〉辨伪》。近年出版程先生年谱长编,有对后文的赞许。我唯一一次收到程先生来信,也谈对后文的看法。他认为若最终能够证明此书后出,那么可以肯定此书深受东坡诗论的启发。

前年,我在给千帆先生外孙女张春晓(早早)书写序时,说她"录取复旦读博的过程有些曲折,所幸所有涉及者都做得很合适",在此也可将过程写出。春晓才分好,能写诗词与小说,也可能她自幼生活在南京,本科到硕士接触的老师多是外公的学生,想换个环境,要报我名下,我自感意外。程先生始终没与我联系,仅在给本系傅杰写信时,提到她要来考,希望做朱老的小门生,不知是否有机会。傅杰转告,我当然表欢迎,但也表示要看考试成绩来决定。成绩出来,招生名额一名,春晓考到第二名,有些尴尬。所幸那年骆玉明老师没有招到合适的学生,我就与他商量,在他名下录取。入学后如何指导,我也从前辈那里学到了办法。开学初,我请骆老师与春晓一起吃饭,饭间由春晓择定,一切顺利。那年冬我到南京,程先生与师母请我吃饭,并告已经给我与骆老师各写了一副对联,已送装裱。这是我最后一次见到程先生。他送我的诗联是:"大江千里水东注,明月一天人独来。"这是著名的古联,也传达程先生对我的认识与期待。

随李庆甲先生办会

李庆甲先生(1933—1985)逝世已经三十三年,一直想写些文字,又不知从何写起。从师承来说,他是我的导师朱东润先生六十年代初的在职研究生,于我为师兄;我读研时,他是分管学生工作的总支副书记,虽然没听过他的课,确属师生。我留系工作,与他在同一教研室,同事了三四年。那几年他辞掉党务,专心学术,出了几种古籍整理的专著,据说仅《词综》一书就得到七千元稿费,那时可是天文数字。好几次,他都向我表示,如果生活有什么困难,包括借钱,都尽可告他,他一定帮忙,令我很感动。与他接触较多,则是1984年11月协助他处理中日学者《文心雕龙》学术讨论会会务,前后大约有三四个月时间。

《文心雕龙》是南朝齐梁间伟大学者刘勰的著作,以五十篇来讨论文学的分类、写作、批评及主导思想,用骈文写成,体系博大精深,为我国文学批评史上的空前著作,当然也引起中日学者共同的兴趣。复旦大学是国内文学批评史学科公认的重镇,该学科三位奠基学者,两位在复旦,即郭绍虞先生与朱东润先生。后起的刘大杰先生与王运熙先生也有卓越建树。此次会议的发起过程我不甚清楚,能看到的是由王元化先生与王运熙先生领衔召集,由章培恒先生负责约请日本学者,由李庆甲先生负责具体会务组织。元化先生那年刚从市委宣传部长的职位退下来,资源丰沛。会议安排在当时刚建成不久的龙柏饭店举办,那时星级酒店的住宿远非一般大学教师可想象,没有有力者的支持,很难办到。章培恒先生于1978年至1979年任教神户大学,他的学识为日本汉文学界广泛称道,人脉丰富。与他同年的庆甲先生出道稍晚,专治《文心雕龙》,由他操劳会务,各方都信任。我那时刚完成1984届本科生的分配,稍得余裕,庆甲先生约我负责会间的文件秘书事务,接待会务则由那时还是他研究生的汪涌豪负责。

庆甲先生是做事极其仔细认真的人,凡事都想得复杂,交待仔细,有时甚至觉得让我做半个小时的事情,他反复交待了两个小时,我只要按照他的思路做就可以,根本不需要我费心思。现在回忆,甚至想不出有我任何遇到困难不知如何办,或会间出现重大失误的过失。我能够记住的,是庆甲先生每天做什么事情都会告诉我。比方准备给中日学者的礼物,由上海古籍出版社影印上海图书馆藏《文心雕龙》最好版本元至正刊本,前言由庆甲先生执笔,出版时署元化先生名。此事元化先生后来为庆甲先生遗著《文心拾隅集》写序时也说到,我则是当时就知道了。中日学者如何住宿(日本学者一人一室,中国学者二人一室),如何接站,如何安排会议程序,都让庆甲先生费尽心力。会议期间有三次宴请,两公一私,规格都是四桌,每次都有十多人无法受邀,庆甲先生又不希望冷落任何一位客人,他告我曾连续用几个晚上安排就餐名单,仍觉摆不平。会议论文都用中日两种文字印出,也很费周章。

这次会议,在中日双方都有大批地位和年资很高的学者参加。手边有 1985 年 2 期《中华文史论丛》所刊日本学者十一人的名单,他们是九州大学目加田诚、武库川女子大学小尾郊一、神户大学伊藤正文、立正大学户田浩晓、广岛大学古田敬一、九州大学冈村繁、东京大学竹田晃、爱知县立大学坂田新、四国女子大学安东谅、京都大学兴膳宏。其中目加田教授任团长,年已八十,其次小尾教授年七十二,其他各位大多年过六十,最年轻的兴膳宏教授年四十八。那时中日学界交往很少,日本学者更礼数森严,不易接近。给我印象最深的是,每次离开住处赴会场,日本学者都在电梯入口前排起方阵,最年长的目加田和小尾居前,后面九人三三方阵,人隔一米,整齐行动。这种阵势,以前没见过,以后也没见。

海外华人学者仅请了香港饶宗颐先生一人。那时两岸还未开禁,交流更谈不上。会间,我有幸陪饶先生往宛平南路看望王遽常先生。两位前辈见面后,反复拱手作揖,互道契阔。后来方知道,二位曾是无锡国专时的同事,至少有三十五年未见了。

大陆学者大约有三十多位,记得有苏州大学钱仲联、四川大学杨明照、华东师大徐中玉、安徽师大祖保泉、西北师大郭晋稀、山东大学牟世金、南京师大吴调公等，也极一时之选。我因负责会议文秘，听完会议的全过程，领略各位名家的风采，也感受大家与乡愿治学取径之不同。比如刚讨论宋人为何不看重《文心雕龙》时，有某翁起而反驳：宋人许多类书都有引用，哪能说不重视？众人哑然，换其他话题了。我仅管会务，谨守分际，很少找人请教，特殊的是某公首次认识，主动与我谈了两个多小时，留下一生恩怨。

会间组织中日学者参观复旦大学，一些学者还专程看望朱东润先生。复旦诸先生协同办会，总体组织得很好。元化先生还安排参访青浦淀山湖。唯有一件小事，让我有些吃惊。

章培恒先生个人宴请中日学者，即将开始，还不见庆甲先生来，他遂与我一起到住处邀请。庆甲先生在内洗澡，我告知原委，他在内大声说："他又没有请我，我怎么去啊？"章先生掉头就走。我事后问过章先生，告曾当面邀请，因为同事加朋友，故未写请柬，引起意外。后来庆甲先生病重，章先生主持系职称晋升时，涉及庆甲先生部分，全力维护，看来他们事后有过沟通。从此我深悟，人际讲究礼数之必要。

庆甲先生早年任系团总支书记，在轰轰烈烈中当然相信一切，有对老师失敬处。乱后主动向朱先生道歉，得到原谅。辞去系务后，他觉以往损失太多，全力投身学术，四五年间出版了《楚辞补注》与《词综》两书，完成《瀛奎律髓汇评》的整理（身后出版），又发表了研究《文心雕龙》一系列有重大影响的论文。

办会加搬家装修的持续劳累,使他病倒,很快查出是癌症,去世时仅五十二岁。他病重期间,我曾多次听朱先生回忆往事,说到庆甲刚到复旦时,是一个很朴素单纯的农村孩子,居然很快要死了,真的非常难过。庆甲先生弥留之际,我因任校文史学科组秘书,旁听了庆甲先生是否晋升教授的全程讨论。朱先生说:"庆甲做的《刘勰卒年考》,意义很重大,这个问题不解决,我们的文学史就没有办法写了。"爱惜之情,溢于言表。稍前陪运熙先生去扬州,说到庆甲先生的学问:"他正在走向成熟的过程中。"庆甲先生逝世后,运熙先生为他整理遗稿,由元化先生作序出版,仅不厚的一册。

述《唐人选唐诗新编》

　　傅璇琮先生主持编纂《唐人选唐诗新编》,出版了两个版本,即陕西人民教育出版社 1996 年 7 月版和中华书局 2014 年 11 月版。我是这一著作之参与者,不具备写书评之资格,但有关此书之成书过程、学术价值以及存在问题,又觉有必要给学者与读者作必要的说明。

　　明代中叶因前后七子之倡导,宗唐风气鼎盛,各种唐诗选本不断问世。最权威的当然是唐人自己的选本。最早出现佚名编《唐人选唐诗六种》,包括元结《箧中集》、芮挺章《国秀集》、殷璠《河岳英灵集》、高仲武《中兴间气集》、佚名《搜玉小集》和姚合《极玄集》,有嘉靖刻本。明末毛晋编《唐人选唐诗八种》,增加令狐楚《御览诗》和韦縠《才调集》,有崇祯元年(1628)汲古阁刻本。入清,王士禛编选《十种唐诗选》,除毛刻八种的再作遴选外,增加《又玄集选》和《唐文粹诗选》,有康熙刻本。其中《又玄集选》所据为伪本,《唐文粹》为北宋姚铉编。王氏为诗坛领袖,所编影响很大,虽不称唐人选唐诗,而以唐选为主。1958 年 12 月中华书局上海编辑所集印《唐人选唐诗十种》,除毛氏八种外,增加罗振玉据敦煌文本编刻的《唐写本唐人选唐诗》和传归不久的日本昌平坂学问所刻韦庄《又玄集》二种。此后曾多次印行,影响较大。

傅璇琮先生拟重新编定唐人选唐诗,最初设想在1990年春于常熟虞山宾馆开《全唐五代诗》工作会议期间,与我谈及,告知陕西人民教育出版社委托编一套《唐诗研究集成》,他有一些初步设想,也征求我的意见。谈了许多,后来确定的有陶敏《全唐诗人名汇考》、佟培基《全唐诗重出误收考》、张伯伟《全唐五代诗格校考》等,《唐人选唐诗新编》之得成立,一是鉴于《十种》中部分选本版本不佳,二是可以有新的文本补入。当时学术著作出版极其困难,课题立项更谈不上,但凡出版社约稿,出版有保证,学者都乐于从命。历时五六年,这套书方问世。

《新编》剔除了《十种》所收《唐写本唐人选唐诗》。罗振玉当年刊布,是依据伯希和提供的法藏敦煌写本,一时矜为秘宝。敦煌文本全部刊布,知此卷即P.2567号写本,后半可接P.2552号写本,属唐诗写本,类似写本在敦煌文本中很多,与选本有别。《新编》1996年本增加了四种选本,即崔融《珠英集》、佚名《翰林学士集》、殷璠《丹阳集》和李康成《玉台后咏》。《珠英集》由中华书局编辑(当时,现任总经理)徐俊先生整理,后三种由我执笔。《珠英集》五卷是崔融于武后末年编纂《三教珠英》时,编选同僚26人诗作而成,敦煌文书中存P.3771、S.2717两个文本,为原书卷四、卷五之残本,存13位作者诗近50首,多存佚诗,特别珍贵。《翰林学士集》为日本尾张国真福寺存唐写卷,今存名古屋真福寺。清末由贵阳陈田影写刊布。其内容为太宗君臣之唱和诗，存51首，《全唐诗》仅收12首。书名为后人所题，日本学者对原集名有许多推测，我则认为即许敬宗集之残帙。殷璠是盛唐最有名的诗选家，今知先后编选过《丹阳集》《荆扬挺秀集》和《河岳英灵集》三部选本，仅《河岳英灵集》存。宋人编《吟窗杂录》存有《丹阳集》的部分残文，可以展示该集的部分面貌，知道该集仅选润州十八人诗作，约成于开元末，以强调风骨为宗旨。《玉台后咏》是徐陵《玉台新咏》的续书，选录梁陈至盛唐209人诗670首。我广稽群书，得71人诗106首（2014版增补数），也算很难得了。

《新编》对《十种》保存各集，在底本遴选和版本校勘方面，都尽了努力。《河岳英灵集》和《中兴间气集》，《十种》皆据《四部丛刊》影印明刻本，缺误很严重，虽附何义门校记，但阅读不便。《新编》之《河岳英灵集》用贵州独山莫氏藏宋刻二卷本，可纠正后世妄分为三卷以附会三品论诗说，录诗文本也更为准确。《中兴间气集》用近代武进费氏影宋本，亦较明刊为优。特别需要说到的是，姚合《极玄集》以往通行的是明刊二卷本，每位诗人下皆有小传，以往认为亦出姚合手笔。当年傅先生委托我代校上海图书馆藏汲古阁影写宋刊一卷本，发现全无小传，收诗与明刊也有所不同。我认为小传为后人增写，不是唐代文字，告诉傅先生，幸为他所采纳。

《新编》2014年新本，与1996年本比较，除各集略有增补增

校外,新增加了三种文本,收书达到了 16 种。新增三书是:
一、蔡省风编《瑶台新咏集》,宋人著录此集收"唐世能诗妇人李季兰至程长文二十三人题咏一百十五首",俄藏敦煌文书发现残本,存李季兰、元淳、张夫人、崔仲容四人诗 23 首,应为该集之卷首部分。这是唐代唯一专选女性诗歌的选本,至可珍惜。二、《元和三舍人集》,收中唐令狐楚、王涯、张仲素三人五七言绝句 119 首,所据为复旦大学图书馆藏明抄本。三、褚藏言《窦氏联珠集》,收中唐窦常、窦牟、窦群、窦庠、窦巩兄弟五人诗,每人各 20 首,总为 100 首,另附唱和诸人诗。

《新编》对研究唐代诗学的意义显而易见,这里不讨论。傅先生在《增订本序》中已经说到,《窦氏联珠集》《元和三舍人集》有合集的性质,有些则是酬唱集(如《翰林学士集》),但从提供文献来说,则有必要。《元和三舍人集》早在 1994 年就做好了,初版未收;但国内孤本,确实有介绍的价值。据我分析,此书即《新唐书·艺文志》著录之《翰林歌词》,是三人同任学士时的职务作品。遗憾的是日本静嘉堂文库藏本未获参校。《窦氏联珠集》则是唐代唯一存世的家集,五人各收诗 20 首,确是选本。《瑶台新咏集》由徐俊先生整理,仅据敦煌文本,我则比较倾向认为《又玄集》卷下和《吟窗杂录》卷三〇《古今才妇》所录李季兰至程长文诸人诗,皆出自该集,详见《文史知识》2017 年 10 期刊拙文《〈瑶池新咏〉所见唐代女才子的感情世界》。至于《翰林学士集》,从一般来说是总集,在我之判断则属于别集,因此才能解释该集目录以太宗诗附收于许敬宗诗下的体例。

学术研究是一项需要不断摸索前进的工作,学者虽年资早晚有别,地位高下不同,凡所见有异,应心平气和地讨论分析,求同存异。傅先生长期倡导这种学术态度,我曾追随逾三十年,做过许多文献编写的工作,合作都愉快。学术问题见解有异,当面告知或形诸公开文字,都无妨友谊,对此有特别强烈的感受。傅先生辞世已两年多,述此以为纪念。

陶敏教授的遗著

陶敏教授于 2013 年 1 月 17 日因肺癌去世。他的助手李德辉教授曾是我的学生,当天下午将他的生平履历、著作目录及后事交待邮发给我,特别提到还有许多已完未完稿有待整理出版。我当天晚上撰写悼念长文,同时交《东方早报》与《中华读书报》发表,次日赶到湖南湘潭送行。告别会上,我发言中特别提到,陶敏教授的著作是当代中国学术的重要部分,希望他所任教的湖南科技大学校院领导和学生同事,对他遗著的出版给予重视。很感欣慰的是,各方出力,尤其是李德辉教授倾注几年的心力,完成老师遗著的整理,已经基本完成出版。

陶敏教授遗著的价值和出版情况,简略介绍如下。

陶敏辑校《景龙文馆记·集贤注记》,中华书局 2015 年 6 月出版。《景龙文馆记》原书十卷,唐武平一撰。平一是武后族曾孙,武氏权倾天下之际,他采取躲避态度,得以远祸。此书详尽记录景龙二年(708)四月至四年(710)六月,唐中宗与文馆群臣几十次游历唱和的过程和作品,参与者包括几十位著名文人,如此大规模唱和最终导致近体诗格律形式的完成。《集贤注记》三卷,唐韦述撰。述为盛唐时期著名历史学家,今人能完整读到初盛唐史事,靠他在安史乱中拼死保存下来。玄宗即位后重视文化建设,初命群臣整理图书,继设集贤院于两京,由宰相知院事,凡图籍宝藏、著作编纂、文化建设诸事,皆由集贤院主持。韦述供职集贤院长达四十年,对院事始末、制度建设、图籍管理、文人出入均极其熟悉,此书成为了解盛唐文化繁荣的重要记录。二书宋以后久佚,但宋人引录极多,《景龙文馆记》有过贾晋华辑本。陶辑二书各有十二万字,校订认真,征引丰沛,足可信任。

陶敏主编、李德辉副主编《全唐五代笔记》,三秦出版社2012年12月出版。此书完成较早,陶敏前言写于2005年,出版一再延滞,版权页时间在陶敏去世前一个月,实际见书则在2014年。全书篇幅多达363万字,首次完成全部唐人笔记校订,收书数达143种,都能征存较早记录,调查善本与存世文献,在反复比读后写定文本。无论存本之校订,佚著之辑录,以及条目交叉之认定与文字讹误之改正,也都尽了努力。

陶敏主编、吴广平副主编《中国古典文献学》,岳麓书社2014年8月出版。此书本为校内教材,2004年由湖南教育出版社初版,名为《中国古典文献学教程》。经过十年应用及反复增订,完成新版。此书以我悼念长文代前言,我又新写了一节附记,认为该书"融合了陶敏先生及其研究团队在唐代文学文献研究方面的许多具体实例,如关于唐代笔记校订、唐代诗歌订误、古籍文本解读、唐人生平梳理等方面的心得。此外,有关避讳学、总集编纂、四角号码检索、常见学术网站的介绍,也简明清晰,便于掌握运用"。

陶敏遗著、李德辉整理《元和姓纂新校证》,辽海出版社2015年12月出版。《元和姓纂》,唐人林宝撰于元和七年(812),根据唐代重要官员的家族实际情况,并广征当时得见的汉唐姓氏书与公私谱牒,编纂而成,是研究汉唐士族谱系最重要的文献。原书久佚,清四库馆臣从《永乐大典》等书中辑出,所载人名多达近两万个,文本错讹极其严重。四库本为一校,光绪间洪莹刻本为二校,民初罗振玉为三校,稍后岑仲勉作四校,1994年中华书局约陶敏与郁贤皓,将岑著与洪本整理刊布,此《新校证》近乎是五校或六校了。陶敏工作的重点是充分利用新出石刻文献,作全书的考证校勘辨伪,实有重要价值。

陶敏原著、李德辉编校《唐代文学与文献论考》,辽海出版社2017年5月出版。这是陶敏的第二部学术论文集,是中华书局2010年出版《唐代文学与文献论集》的续编,收录已发表未发表、已完成未完成的文章140多篇。编次包括十个部分:1.唐代诗文综合研究;2.唐代作家生平事迹研究;3.唐人墓志及《元和姓纂》研究;4.唐五代笔记小说研究;5.唐五代文集提要及正史校勘;6.书评;7.自著前言后记;8.治学经验谈;9.书序;10.陶敏论著目录、年表及纪念哀挽文字。其中有很多未成稿,保存了一位学者从酝酿选题到积累文献的原始记录。

陶敏遗著,除《刘禹锡全集编年校注》增订本即将由中华书局出版外①，其他都已经问世。李德辉在前书后记中说："本书编校的完成，标志着陶敏先生学术遗产清理工作的全部完成。""尽管编校累一点，但我在所不辞，心甘情愿。""可以对得起陶先生亲友了，陶先生泉下有知，亦当含笑。"二十年前，陶敏推荐德辉到复旦跟我读博士，现在他以这一方式回报老师的关爱，我为有德辉这样的学生感到骄傲。

陶敏经历坎坷，45 岁方进入专业领域，初任教于湘潭师院，并校后称湖南科技大学，既非中心城市，学校藏书也有欠乏，他硬是以惊人的毅力与超人的感悟，以存世唐代基本文献为主要依凭，完成一系列重要的学术著作，跻身国内一流学者而无惭色。这里无法作全面评述与介绍，仅举他在《全唐诗人名综考》中，对宋本白居易诗的校订，与他没有见到的日本存古本相印证的几个例子，来加以说明。《喜与杨六侍御同宿》，陶谓杨六为杨汝士，作侍郎为是，今知《千载佳句》及藤原基俊古笔正作侍郎。《旱热》注："时杨、李二相各贬潮、韶。"陶谓杨、李二相指杨嗣复、李珏，会昌初贬潮、昭二州，"韶"字误，金泽本白集"韶"正作"昭"。《春来频与李二宾客郊外同游因赠长句》，陶谓李二宾客为李二十宾客之误，为李绅，藤原基俊笔"二"正作"廿"，恰可据改，今人或谓"李"上疑夺"刘"字，则属误校。类似的例子很多，我还记得他曾考某诗内容与诗题人名不合，认为

---

① 编者按：此书已于 2019 年 1 月出版。

194

诗是赠给该人之下一代者,我近见宋元《镇江志》引《润州类稿》此诗题下有"之子"二字,圆满解决了他的怀疑。当然,古籍校改中的考证推定并非皆可以作结论,如白居易《蔷薇正开春酒初熟因招刘十九张大夫崔二十四同饮》一诗,陶谓刘十九、崔二十四皆称行第,张大夫之"夫"字疑为衍文,推测当作"张大",日本大江维时《千载佳句》卷上《人事部·招客》引此诗,"大夫"作"十八",知此处确有疑问,但推测与书证稍有差距。前人说古籍宜慎改,原因在此。举例虽皆细节,但集腋成裘,于一代文献建设关系巨大。

对于学者来说,学术著作是生命另一种方式的延续。我与陶敏教授自1986年起通信交往,前后历28个年头,因治学兴趣相近,常感相知难得,他读书之慎密精微,更让我常有瞠乎其后之感。他生前已出版专著16种,身后还有上述诸书留给学林,足为当代楷模。

摸清明代文学的家底

上海师范大学李时人教授(1949—2018)年初去世,得年仅六十九岁,很感意外,伤悼弥深。

李先生从徐州师院调到上海工作,因为我俩都作唐代文学研究,有接触,但说不上密切。记忆中,较具体的接触有两次。一次在九十年代中后期,曾到他工作室深谈,听他说《全唐五代小说》的编纂构想和遴择原则,记得其间谈到南开大学李剑国先生《唐五代志怪传奇叙录》之成就,及他的新著如何有新的突破。《全唐五代小说》后来由三秦出版社出版,他曾寄赠一套给我。此书参考何满子先生对唐人小说之界定,以具完整故事与人生寓意者为正编 100 卷,以不合此格仅稍具始末者为外编 25 卷。我对此原则稍有保留,但确认是一部校订认真、编次允洽的高水平著作。他曾考证《大唐三藏取经诗话》出于唐末,与王国维元代说不同,我也不尽赞同。第二次大约是在 2001 年秋,他约我去给他的研究生讲一次课,说到近期工作,他告我已经接受中华书局约稿,编纂《中国文学家大辞典》的《明代卷》。此书之《唐五代卷》,我执笔约 2 000 则,近全书之半,理解编纂体例与学术追求。明代存世典籍与唐五代文献之存世数相比,至少有几十倍的增加，个人完全不可能读完，工作量之大，即便一个专门研究明代文学的研究所全力以赴，也得许多年方能有成。我将困惑说出，李先生平淡地说他将个人承担，实施办法是所带每位研究生的学位论文选题，皆作明代分地域文学家研究，藉此为全书积累文献。并告坚持多年，应该可以完成。

此后十多年，因参加会议或项目评审，有过几次接触，但多未深谈，各忙各的。他转治明代，走到了另一个领域，我也无从过问。直到噩耗传来。他的得病始末，我至今仍不了解。近日看到出版不久的《明代卷》(中华书局2018年1月版)，极感震撼，此书所达到的学术成就，足以代表当代中国文史之学的高水平，我愿意将自己稍作翻检的感受传达给读者。

《中国文学家大辞典》的选题，1984年由中华书局编辑部提出，以科学性和实用性为原则，既求收录完备，突破前此类似书以正史《艺文志》《文苑传》立目的局限，博采总集、别集、笔记、方志、金石等书，又要求对作家生平和著述作扎实可信的考辨和判断，力戒主观片面。约稿很快落实。1986年，我初识《唐五代卷》(中华书局1992年10月版)主编、厦门大学周祖譔先生，他约我参加，但初拟条目多已约出，仅余少数事迹不明者。周先生信任我，允许我任意增补，我在1989年前后撰稿2 000条，条数占全书之半，篇幅约为三之一，大多为首次揭出。后来其余各卷陆续出版，以我之肤浅好胜，常庆幸自己参与这部分的水平似乎一时还难超过。没想到25年后，在压卷之著中看到了真正的优胜。

明王朝立国277年，并不比唐王朝长，但存世文献数量之多，远远超过。《全宋诗》初编出来，存诗大约是《全唐诗》的五倍。越晚近，越成几何级数般增长。中华书局此套书之规定，宋以前求全备，若唐代作者有一句诗残存，有一部与文学相关书，无论存佚，皆为列条。宋以后各朝仅有选择地收录3 000人左右的重要作者，无法全备。《明代卷》总收条目为3 046人，并不比《唐五代卷》多，但如何确定这份名单，则可见李时人的求实精神。在《前言》中，他说到至今没有明代全部作品的完整结集，最重要的几部通代选集，《列朝诗集》收诗人1 743家，《明诗综》收3 155家，两书当然影响很大，但《皇明诗统》收万历前作者1 871人，有526家不见于前二书。此外，收录明诗的明清两代地方总集有400多种，新见作者人数更多。他估计明代有诗文存世的作者至少有二万人（我推测远过此数）。他的另一选择立场是对明人著录与存世别集之调查。他分析明清各种书目，认为记录最丰富的《千顷堂书目》著录别集即达5 207家。至于存世明人别集，他充分利用中外著录，初步估计有3 300家，其中见于《千顷堂书目》著录者为1 734家。此一统计显示，明人别集存亡总数当在万种左右。近代以来文学观念转变，以戏曲、小说为主的通俗文学进入主流视野，加上别集以外之各类文学写作，这又是何等巨大的数量。在两万多作者中，根据对"作家的文学成就，包括创作和影响等各方面考虑"后遴选出

3 000多人。《凡例》更说明文学史上出现过并称或结社的作家中，无作品存世或影响不显著者不收，界定很严格。

《明代卷》所记内容，包括生平仕履、文学活动、著述及成就评价各项，最后交待文献取资。前人虽然有明人传记资料索引之类工具书，李时人显然不满足于此。他坚守的原则，一是务求穷尽地搜集传记文献，二是存世诗文务须目验，三是前人之研究，包括当代之大量学位论文，皆予披检。完成之文本，每位作者生平仕履之叙述，皆如年谱般地务求将字号、乡里、科第、履历及各方面成就与评价，作客观冷静之叙述，从而将明代文学所有的家底和细节全部给以传达。

我以前曾说过，唐代居百代之中，文献多少适宜，学人穷毕生之力可以读完，《唐五代卷》编写的难度虽如大海捞针，然尚可集腋成裘。《明代卷》就完全不同了，存世典籍之浩瀚繁博，远超想象，一些大作家如王世贞个人著作即达近千万字，何况还有大量散在天涯海涘、未经刊布整理者。李时人悬出上述高格，每一处细节都需要海量文献之甄比归纳，再加上以一人独任全书之纂写，真惊叹他的执着坚毅。《前言》所述他的执行方法，一是对所有刊布典籍和相关研究不留孑遗地充分阅读参考，二是在十多年间，指导的研究生分地域做明代作家研究，或以省为单位，文化大省甚至以州府为单位，包括作家、家族、结社等专题，有博士论文20多篇和硕士论文40多篇，辅助做前期的文献工作，这些论文对作家生平和存世别集，都充分利用地方文献作了稽考。如浙江存明别集，因此而得知宁波有 88 部、嘉兴 49 部、金华 63 部，等等。他在此基础上撰写，得以浓缩菁华，谨慎而准确地记录，有分寸地评价，虽为辞书，足以优入当代学术之林。

此书之创见，我最初见中华书局微信推送中的罗贯中条目，将元明之际杂剧作者与嘉靖后《三国》小说之署名作者，分开叙述，后者且有各本小说之署名记录，顿感新意纷呈。再检我所关心过的一些作者，也多前未知之事实。

偶遇本校治明代文学的郑利华教授，说到对李先生的印象，觉得北方人敦实诚朴，待人率真，勇于进取，不畏艰难，对他的所为充满敬意。我不知道李先生生前有未看到全书的出版，但我能够体会，以学术为生命的学者，能有一部或几部足以长留天地间的书，他的一生是精彩、充实而幸福的。

谨述此文表达我对李时人先生的敬意。

寂寞使学术更加庄严

　　题目套用了一首流行歌曲。恰好昨天微信传来郑诗亮先生多年前介绍我的文字，用《高手总是寂寞的》为题，觉得要有一回应。但也为难，自认寂寞则有自诩高手之嫌，否定寂寞则有负雅意。想来想去，还是先自承寂寞是学人应该享受的待遇，只是我自己做得很不合格：这几年从微博玩到微信，整天东张西望，说三道四，是自己不甘落寞；校内校外都还兼着一些名份，上课授业，开会应酬，颂寿致悼，作序评书，哪一件都不能不认真，因此一年总要写出或发表二三十篇各体文章，虽从不敢自夸成果，但写去都很较真。喧嚣之间，自感还算有所坚守，至少一年中十之七八的时间仍在遍校群书，其间寂寞或愉悦都很难为公众所知。

　　谈书先谈自己的书。2015年居然有五部书。一是上海辞书出版社所出随笔集《转益多师》，收文二十五篇，谈本师之学问，谈复旦以内和以外的老师。复旦学术风气开放而自由，本师朱东润先生尤主张学生应立志超过老师，鼓励兼收并取，因此我得大量参取近代以来诸大家之学术充实自己。多年前曾有人讥笑本系毕业学生眼高手低，章培恒先生听闻后很不以为然,眼高手低总还有提高的希望,眼低手低则彻底没救。我就是这样提高的。二、三是中华书局出版我主持修订的两部正史《旧五代史》《新五代史》,完成在数年前,媒体介绍已多,可以不必多说。四是碑志研究论文集《贞石诠唐》,年内可出,主要关注新见石刻对于唐代文史研究之价值。五是为《复旦百年学术经典》整理本师朱东润先生的两部遗著。

朱东润先生早年接受传统文史教育,少年留学英伦,饫闻英欧文学气象。他在1930年代以中国文学批评史、《诗经》研究、《史记》研究奠定学术地位,更希望为中国文学研究开拓新的道路,具体方略是以英国传记文学之著作方法转而开拓中国现代传记文学之写作,标志性著作是1943年完成的《张居正大传》,此后半生皆专注于此。在他摸索转型期间,曾完成两部研究中国传记文学的专著,一部是《八代传叙文学述论》,2006年由我整理出版后,学者评论认为是代表1940年代最高水平的文学史专题著作。另一部《中国传叙文学之变迁》,含十五篇论文,大多未曾发表,我整理六篇交国内一线刊物发表,都称赞虽为七十多年前所写,仍具新锐气象。如以《续高僧传》所叙探讨隋文、隋炀父子为人为政风格之不同,揭示该书未受初唐主流史学影响而能保存历史真实,友人孙英刚方据此书分析太子承乾之真相,更觉兴味无穷。书中谈《史记》互见之读法,谈宋三篇行状成就,谈全祖望颂抗清诸人之真相,都是难得的大文字。二书皆全部写定,认真装订,但始终未发表,真感叹前辈能寂寞自守如此。

《复旦百年学术经典》中我还意外读到以前不了解的一位大家田汝康。田先生我曾见一面，是1985年在校文史学科组会议上，我时兼秘书，此后三十年，一直不知道他的成就和消息。这次他三种遗著《滇缅边地摆夷的宗教仪式》《中国帆船贸易与对外关系史论集》《男权阴影与贞妇烈女：明清时期伦理观的比较研究》合为一册出版。第一种是他早年的博士论文，1986年增订后在康奈尔出版社出版；第二种1986年结集在国内出版；第三种则是1988年在西方出版的英文专著。译者后记称田是"正在被中国学界逐渐发现的社会学家、人类学家、民族学家、宗教学家和历史学家"，"当今颇为热门的社会史、历史人类学之跨学科研究＋田野调查＋民族志＋心态史学＋计量史学等学术学科前沿"，田"早已了然于胸，并在运用中达到出神入化的地步"。我不知道，曾经距离那么近的一代大家，何以寂寞如是。

一年来读了许多书，但读得最认真的还是曾写序或书评的几部书，恰好都与寂寞有些干系。

如果要我列举本年度中国学者最好的专著，我会毫不犹豫地提出孙猛的《日本国见在书目录详考》。原书是相当于唐末时期，日本皇家所存中国书籍之目录，总1579部，篇幅相当中国隋唐志著录的一半，时间又恰可居两唐志中间。此书在日本立项，故循日本的治学规范，比方底本一直追溯到室生寺本之原书,且对江户至明治时期四十种传抄本的微小差异皆有记录。而对此1579部之流布命运与残简孑存,以及中外学者之相关研究,皆有精微之考索与记录,足为流布东瀛的每部汉籍书写学术史。作者在日本任教28年,几乎不参加任何学术会议,也没有其他专著发表,仅有的几篇论文也与此书有关。最近几年身体不好,几次以身后事见托。寂寞方能成就大学问。孙氏身居海外,始终没有放弃学术追求,始终在孤独地攀爬新的学术高峰,足为海外学者的典范。我与他前后同学,作序尽力传达他的追求,自审并非虚誉。

近期写过两篇文章,一篇纪念师祖唐文治先生,一篇谈瞿蜕园先生的成就。唐于清末为显宦,光绪末是商部实际主事者。后因故任交通大学前身上海实业学堂的监督(校长),主校政十四年,面向世界建设一流工科大学。"五四"后他深感"文化侵略,瞬若疾风","深恐抱残守阙,终就湮沦",认为世界各国皆"自爱其文化",谋求以"己之文化","深入于他国之人心",乃发愤著述,以弘传孔孟、朱王学术为职志,开办无锡国专,传授国学古文。他没有与新文化人物辩争,而是坚持办学三十年,以保存国学的薪火。他的生前身后都很寂寞,但今日读他之所言,句句皆掷地有声:"吾辈务宜独立不挠,力挽颓习,秉壁立万仞之概,不为风气所转移,乃能转移风气,有以觉世而救民。"今年交通大学出版了他的《四书大义》,上海人民出版社出版《十三经读本》,在他身上可以看到国学之正途,是以修身齐家始,以兼济治平为用。瞿氏《刘禹锡集笺证》1989年出版，一直没有认真读，近年因校订唐诗，深入阅读，方感叹其学际天人，造诣深厚。今人谈文学皆知知人论世之重要，中唐诗文涉及人事极具体，制题、加注也很详密，诗歌中交迭大量古典和今典，加上语词凝练雅洁，所述除当事人外，不易为一般读者所理解。瞿氏在准确定时定地定人的基础上，解读诗人与各种人等的错综复杂关系，广参史籍，体会作品表达的表层意思和深层蕴含。瞿大约是古典诗歌最后的娴熟掌握者，加上他的家世渊源、仕宦经历，以及历尽沧桑后的人生参悟，即便在最困顿的岁月，也能有此成就。瞿为清末贵介公子，五四学运中坚，中年沉浮宦海，晚境身陷牢笼，寂寞已久，也值得重新认识。

　　说了许多前辈时贤的寂寞，最后要说自己。最近五年，我受到意外的刺激，决意以个人之力完成全部唐诗的校订。虽然唐诗家传户诵，人人皆读，但要完成一代诗篇的校订，谈何容易。清人编有《全唐诗》，那是明中叶以来陆续汇成的，问题很多。就我所知，49 403首诗中，大约有4 000首属误收互见之作，漏收更超过8 000首，文字误夺、诗题讹缺、作者错讹更所在多有。要尽可能地恢复唐人诗歌文本的原貌，必须将唐宋典籍引录的唐诗全部校过，所涉数千种书皆要尽力讲求，务用善本足本。工作量之繁剧真非人力所能胜任。更困难的是涉及到大量极其繁复的学术问题，根本不可能找人请教或商讨。多年来一直如此，孤独何如，寂寞何如。然而坐拥书城，思接古人，千年困惑，一朝遽解，承前修得更趋绵密，一乐也；文档开万，遍校详记，检索便捷，考证不难，拜现代科技之赐，二乐也；地不爱宝，新料络绎，书不厌善，秘本纷纭，加以方法得体，程序周详，新人新作稠迭，胜解胜义奔竞，三乐也。其苦乐虽皆不足与世俗分享，但与二三友朋，闲中话及，偶得心会，亦愿足矣。

知晓学术不是中学生的正确答题，不是演唱会万口一辞的合唱，不是媒体头条昭告天下的要闻，那么，有点寂寞也是应该的。

两种唐诗选

这几年国学热,常有朋友问我今人唐诗选何者为好,愿在此介绍两种,一是马茂元先生《唐诗选》(上海古籍出版社 2017年 11 月新版),一是刘学锴先生《唐诗选注评鉴》(中州古籍出版社 2013 年 9 月)。

马茂元(1918—1989)为清季桐城派殿军马其昶之孙。幼承庭训,熟读历代诗文,于唐诗研究卓有建树。尤倡导在背诵吟读基础上,体会唐诗的文辞之美、音节之美和意境之美,注意文史互取,知人论世,揭橥名篇,解读英华,详尽注释,准确阐释。生逢世变,不改风雅,于五十年代初选唐诗,真诚考虑时代之阅读需求,当时篇幅约近二十万字。历时三十年,反复斟酌增订,直到去世,接近完成,复经受业门人刘初棠、赵昌平等依循师意,缀补完成,至 1999 年出版,增至九十万字,备受读者欢迎。

马茂元《唐诗选》优点,一是选诗 500 多首,吸取清编《唐诗三百首》之成就,削除少数不适应今日读者的篇什,照顾唐诗各时期各流派作者的成就,遴选之精当,眼光之独到,远在前书之上。二是选诗兼顾思想艺术成就,要以造诣精妙、意境优美之篇章为主,将唐诗中最优秀的作品,向一般读者作负责任的介绍。三是注释准确充分,既避免掉书袋式地堆砌,又注意适合中等文化程度读者阅读之需要。马先生旧学根柢深厚,解读字斟句酌,深入浅出,达到很高解说水平。四是积极吸取当代唐诗研究的前沿成就,在诗人小传、诗歌本事、系年总评,都具有较高学术水平。更值得称道的是,本书最后定稿于马先生缠绵病榻之时,赵昌平亲承遗意,投入很大精力完成遗著的写定,最后出版时退逊而不署名。据我所知,此书可以视为两代唐诗学者的学术结晶,也可以见到老辈学统和道德的继承发扬。

刘学锴,1933 年生,浙江松阳人。早年就读、执教于北京大学中文系,中年后任教于安徽师范大学文学院。他与余恕诚合著《李商隐诗歌集解》,对向称难以解读的李商隐诗,作了堪称当代集大成的解读,曾获第六届国家图书奖。他又独立完成《温庭筠全集校注》与温、李二家之传论,为同辈学者之翘楚。《唐诗选注评鉴》为他 75 岁后所著,历时四年多方完成,可以说是长期坚持细读文本、寻绎诗意,晚年集中解说唐诗的总结性著作。全书将近三百万字,选诗 650 首,全书宗旨为:"从选诗的数量和质量上较充分地体现唐诗的艺术成就,从整理的方式上为广大读者提供较为翔实的注释和丰富的资料,并为读者的鉴赏提供一些比较切实的参考。"在前言中,他分选诗、校注、笺评、鉴赏四个部分揭示此书的追求。选诗,他以有诗情诗味为第一要旨,以是否有成功的艺术创新为参考,也考虑到诗意的艺术完整，不取有名句而整体庸弱的作品。校注，用力极勤，且涉及诸多方面。虽然一般用《全唐诗》作底本，不能说最好，但涉及重要异文时，注者穷搜深究，真值得佩服。如崔颢《黄鹤楼》首句，列举明初前各种选本都作"昔人已乘白云去"，作"黄鹤"为明中叶以后妄改，并认为此句用《庄子·天地》"乘彼白云，游于帝乡"典，纠正明清人的臆解。我还可以补充更多书证，如敦煌文本、宋太宗手书，王安石《唐百家诗选》的两个宋本，都作"白云"，可谓确凿不移。对涉及作诗背景、写作年代、作者归属的考证，也比一般选本大为详细。将"白日依山尽"明确划归朱斌，有确证和勇气。三是笺评，汇聚历代疏解评论，作者将其看作一首诗的接受史料来选取。最后是鉴赏，作者说致力于"在疏解诗意、再现诗境的同时对全诗的艺术风貌及特色进行一些品评"，最为精彩。

就两部选本放在一起讨论，则刘著曾参考马选，也刻意保持不同。选诗方面，如沈、宋，马选五首，刘选七首，同者仅四首；韩愈，马选十三首，刘选二十二首，同者仅八首，远超《唐诗三百首》之不足，反映韩诗的全面成就。两书都选入一些被历代选家忽略的好诗。如马选杜甫《送路六侍御入朝》，认为写出"久别重逢，乍逢又别，别后会见无期"的复杂感受。就注释、评鉴来说，两书有简繁之别。马注多直接明白，需讨论处不过百来字，刘注则不辞繁重，希望将各家意见传达出来后作折中的判断。评鉴，马多数语折简，直指肯綮，刘则详尽分析，务使寓意毕呈。如歌妓刘采春所唱《啰唝曲六首》，两家选了相同的三首，其一："不喜秦淮水，生憎江上船。载儿夫婿去，经岁又经年。"马评："恼水，恼船，却不恼人，痴语情深。"刘则认为末句包含"多少思念和牵挂，多少孤寂和痛苦，多少期待和失望。"其二："莫作商人妇，金钗当卜钱。朝朝江口望，错认几人船。"马评次句："富足矣，奈何情爱常不足。"谓末句较温词"过尽千帆"来，"尤觉纯朴可怜"。其三："那年离别日，只道住桐庐。桐庐人不见，今得广州书。"马认为"妙在以桐庐顶真，又翻出广州作殿，使有'更行更远更杳'之意"。刘读二诗都看到商妇的苦闷与怨怅，"直起直落中有无限含蓄"。见解之差异，可以从两位选家的年辈、眼光中体会，就读者言，可得到多元启示。

当然可议处都有。两书都选张旭《桃花溪》，我比较认可莫砺锋教授认为诗出北宋蔡襄所作的考证。前引《啰唝曲》，最早的《云溪友议》已说为"当代才子所作"，马选不署刘名而归乐府诗，刘选仍署刘采春，似可再酌。还要说到的是，刘著篇幅太大，出了城砖般的两册后，也没有很好的宣传和发行，乃至不为世知。

我始终觉得，唐诗热的阅读和欣赏水平需要不断提升，不能一直保持在童蒙层次，因此乐意介绍当代最好的选本给读者。

《唐诗鉴赏辞典》文献审读

　　《唐诗鉴赏辞典》是中国出版史上的奇迹。我手上有该书的三个版本：第一本是第一版，自己买的，1988 年 8 月第 7 次印刷，印数已到 150 万册；第二本是 2004 年 12 月第二版，已是37 次印刷，印数显示是 242.9 万册，此版有所增删，部分采纳了我的意见，是辞书社送我的样书；第三本是 2013 年 8 月的出版三十周年纪念版，全部新排，没有标印数，是出版社开首发会给的编号本，我这本是 015 号。

　　《唐诗鉴赏辞典》首任责编汤高才先生，后来因为修订《辞海》方认识，是一位有创意、有激情、做事又极其负责的老编辑。此书创意据说受到日本此类著作的启发，约稿对象则包含了当时国内最有名的古典文学学者，少数是据旧文收入，多数是当年新约。我当时刚出道，不会鉴赏，没有受约。此书成于众手，编辑加工量很大。书刚出版，有一些争议，主要是鉴赏可否成为辞典。当时学术风气还比较保守，认为可以做准确定义的辞目方可以写辞典，鉴赏各抒己见，人各分歧，一首诗可以有多种解释，不宜称辞典。我当时即持此见，且听说该书港版改称《唐诗大典》，不是个别见解。但此书出版后造成轰动，长销不衰，证明了选题策划者的眼光和魄力。

20 世纪八九十年代,是国内唐诗研究最有成就的时期,在唐诗文本的鉴定与审读方面,远超前代。这一变化也影响到《唐诗鉴赏辞典》的读者,书中一些诗的真伪是非引起不少讨论。大约在 1999 年,出版社因为傅璇琮先生的推荐,希望我来做文献的审读工作。具体参与两方面事宜:一是增订附录原由陈伯海先生执笔的《唐诗书目》,工作量很大,在 2001 年夏天完成;二是对互见误收诗提出具体的增删意见,我记得是写成几页纸逐渐交给出版社的,自己没有留底,近日翻书,当年所贴浮签还在,可以大约复原。

建议删除的有以下几篇。一、张旭《桃花溪》,诗题据《唐诗三百首》,《全唐诗》题作《桃花矶》,作张诗始于《万首唐人绝句》,其实是北宋书家蔡襄所作,题作《度南涧》,详见《文学遗产》2001 年 5 期刊莫砺锋《〈唐诗三百首〉中有宋诗吗》一文。二、戴叔伦《题稚川山水》《兰溪棹歌》《苏溪亭》三首。存世戴集为明人作伪,胡震亨《唐音统签》已作区分,清编《全唐诗》没有采纳。以上三诗,《题稚川山水》为明刘崧诗,稚川为元明间画家罗稚川;另两首皆明汪广洋作,均见《凤池吟稿》卷十,《兰溪棹歌》为同题三首之一。三、唐温如《题龙阳县青草湖》,诗是难得的好诗,程千帆先生曾撰文介绍,后陈永正先生撰文指出作者是元明之间人唐珙,字温如。四、太上隐者《答人》,作者其实是北宋仁宗时的池州历山叟。

改动作者，有以下几篇。一、畅当《登鹳雀楼》，北宋已经传误，作者其实是更不著名的畅诸。新本已改。二、韩氏《题红叶》，韩氏是宋人敷衍唐人笔记虚构的人物，新版改为宣宗宫人。三、高适《听张立本女吟》，原诗出唐人志怪，说草场官张立本女为狐妖所魅，自称高侍郎，实与高适无关，新版改为无名氏。四、裴潾《裴给事宅白牡丹》，诗题中的裴给事是裴士淹，裴潾曾任此职，因而传误。作者另作开元名公，我近年考订为卢纶作，新版改作无名氏。五、刘采春《啰唝曲三首》，刘为歌女，最早载录诸诗的《云溪友议》明言"皆当代才子所作"，新版改无名氏。六、陈玉兰《寄夫》，以女性口气写对戍边丈夫的关切，本为唐末王驾的《古意》，明末人编女性诗集时伪造陈玉兰之名，新本改归王驾。七、无名氏《初渡汉江》，改归崔涂，《全唐诗》属两收互见诗。

可能还有一些，具体不记得了。应该说明的是，唐诗流传千载，家喻户晓，传误情况很惊人，《全唐诗》中重出误收诗多达七八千首，占全书15％，在做出全面考证前，没有任何人能保证不错。如果转变立场，一些伪诗能长期为读者所喜爱，说明这些诗的艺术水平很高，也证明唐以后尽多好诗。最近台北故宫举办"伪好物"特展，展示明末苏州工匠伪造的历代名画，是一项创举。对上举诸诗，也应如此看。

当然，我那时识见有限，也有有误而未及指出者。如唐彦谦《采桑女》，出自明人伪造的署唐著《鹿门集》。经朱绪曾、郑骞、曹汛、王兆鹏等考证,已知该集大量诗本为元人戴表元作,但这首《采桑女》还没有着落。末句"官家二月收新丝",显然参考了聂夷中那首著名的《伤田家》。保存的张旭《山行留客》,也仍是蔡襄作。当然,也有提出疑点而原执笔作者不赞同,因而仍保留原说。举两例。题为杜牧的《清明》诗,《樊川文集》和《全唐诗》都不收,大约南宋中期才以无名氏诗出现,宋末在《千家诗》一类童蒙书中署为杜牧作,这一包装使此诗名盛后世。新版增加了一则题注,认为宋初乐史《太平寰宇记》已有杏花村"相传为杜牧之沽酒处"记载,以为"伪诗之说尚无确凿的根据"。再如传为花蕊夫人《述国亡诗》:"君王城上竖降旗,妾在深宫那得知。十四万人齐解甲,更无一个是男儿。"我认为原诗是王仁裕作,原文是:"蜀朝昏主出降时,衔璧牵羊倒系旗。二十万军齐拱手,更无一个是男儿。"作王诗见后蜀中期书《鉴诫录》,作花蕊诗见《后山诗话》,距后蜀亡已近一个半世纪。因浦江清先生之杰出研究,知花蕊夫人其实是前蜀后主王衍的生母,姓徐,而后蜀主孟昶妃费氏只是一位传说人物。执笔者不赞成,可以理解,但认为王作"本属平平之作",经花蕊"信手拈来","顿成精彩",作一家言看吧。

最后说一段花絮。《唐诗鉴赏辞典》三十年纪念版全部新排,装帧讲究,版式放大,字体疏朗,值得珍藏。编辑将旧稿检出,将所有作者之签名剪贴为两页,影印置于卷首,具有纪念意义。但在新书座谈会上,我偶然发现有一处将原诗作者"唐温如"也列入鉴赏文章执笔者之列,告诉执编。后来在书店检书,发现这几页都删除了。述此足见编辑之认真负责,而有这些签名页之书,当时应已售出一些,可为收藏者所珍袭。

重读《古小说简目》

　　偶检书架，翻出一本小书，是研究生毕业前夕买的《古小说简目》（程毅中著，中华书局1981年4月）。定价仅0.70元，所标印刷字数是130千字，留空很多，估计实际字数仅七八万字。首次印数达33 600册，这么专门的书能印那么多，见当时读书风气之盛。

　　《古小说简目》前言很简单，仅说古代小说概念因历史发展而变化，长期介于子、史二部间，与近世小说概念有很大差异。继而从《汉书·艺文志》谈起，排列两张表，一是《新唐书·艺文志》所载小说，在《隋书·经籍志》和《旧唐书·经籍志》中，主要见于子部小说类与史部杂传、子部杂家各类，二是《四库全书总目》所载小说。在前述三志中还包括史部地理、起居注、旧事、故事、杂史、实录及子部道家，甚至还有见于经部乐类者，证明古人对小说认知观念之变化与尺度之放宽，很有说服力。

　　当然这部书的主体，是用历代书志之著录，与秦汉至五代为止之文言小说无分存佚之逐书记录。每一书名下，一般包含存佚，有无传本与辑本，时代与作者，叙录之主体是书志著录情况，间及内容与作者说明。现在数一下，正编所列，汉魏六朝小说为 116 种、附录 2 种，隋唐五代 228 种。每篇短仅数十字，长也不过五六百字，提纲挈领，要言不烦。书后有二附录，一为《存目辨证》，列出有传本之伪书 119 种，二为《〈异闻集〉考》，揭示鲁迅与汪辟疆都特别推重的唐传奇名篇，主要因唐末陈翰编《异闻集》而得保存。

程毅中先生的这本小书，当时在我的阅读中曾引起巨大的震撼。在这以前，我读过鲁迅的《中国小说史略》和《破〈唐人说荟〉》，对明清书坊大量据《太平广记》印行古本小说，伪题书名与作者，已经稍知大略，就所有遗存文献来说，何真何假，如何鉴别，则尚无办法。《古小说简目》提供了基本原则和大体完整的书目，且逐人逐书，一一说明，更便于初学。他在《存目辨证》中所举伪书，主要来源有《五朝小说》《古今说海》《唐人说荟》《龙威秘书》《唐开元小说六种》《合刻三志》《虞初志》，以及《说郛》重编本等，且逐书说明真本源出，何以为伪；一些真伪相杂之书，也有具体揭示。这是斥伪。至于存真，则以传本与书志之记载参证，以《太平广记》为主要坐标，辅以晋唐古注与唐宋类书，特别是宋元期间尚得见古小说而曾加引证者，如《云笈七签》《类说》《绀珠集》及《说郛》等书，将上述 346 种古小说之孑存文本，有大略的记录。

读到《古小说简目》时，我刚做完学位论文，因全国学位条例制定而晚了半年答辩。其间百无聊赖，翻看群书以寻觅今后可以长期研究的题目。从此书，也从其他各家前辈著作中体会治学路径，加上得自老师的一些文献学知识和原则，逐渐加以体会。因《古小说简目》，至少可以知道并非所有有传本之著作都可以作为研究的依凭，文献学的治学方法，既可以作为古籍登录管理、校勘整理之原则，更可以成为阅读群籍、董理一代基本文献的准绳。稍后确认做唐人佚诗辑纂，将《古小说简目》所列全部古本小说，以及引用文献所涉基本典籍，都翻了个遍。估计当时所得源出唐人小说之唐人佚诗，在百首以上。比如《周秦行纪》，其间有牛僧孺入薄太后庙与古后妃所作诗七首，无论此书为牛作抑或牛之政敌如韦璀诸人伪造，其文既有《顾氏文房小说》本，《太平广记》卷四八九和《李文饶外集》卷四也收了，还有敦煌遗书 P.3741 本，出自唐人应无问题。不知为何，清编《全唐诗》就是不收，难道还真认为是遇到汉文帝他妈了吗？

　　其实何止古小说，每一类古籍都有其流传史，比方诗话，比方地志，比方笔记，比方传记，都有各自的共性特点与各自区别。读书贵在能举一反三，我也因此得到许多启发。

　　前些年，得有机缘与程毅中先生一起在北京开会，说到对《古小说简目》的喜欢，很遗憾三十多年未印了，特别建议重印此书。程先生则觉得许多内容都已经过时，要补充的内容太多，很犹豫。对此，我能理解，更觉得从这一点也可以看出国内唐代基本文献研究格局的巨大变化。

　　具体些说最近三十多年古小说研究之进步，可举以下数端。一是海外学者的杰出研究为我们所了解，如台湾学者王梦鸥之唐人小说研究,王国良的汉魏六朝古小说校订,日本学者内山知也的隋唐小说研究,皆多有发明。二是小说古本、善本之发现。最重要的是《太平广记》善本的发现。明代以来通行的是谈恺本,六十多年前汪绍楹校本给人耳目一新的印象,近几十年则有台湾存孙潜本与韩国存《太平广记详节》的通行,张国风据以作《太平广记会校》,再推进一步,但遗憾仍多。其他如《玄怪录》陈应翔刻本的发现,《冥报记》在日本有新的补充,《鉴诫录》翁氏藏宋本从海外之回归,《贾氏谈录》海日楼抄本颇存佚文,张文成《游仙窟》古本古注在日本多有传本,等等,大大充实了研究者的收藏。三是系统研究与整理的展开,其中李剑国作《唐前志怪小说史》后,再作《唐代传奇志怪叙录》,对宋前小说作了逐条的清理。稍后李时人作《全唐五代小说》,陶敏主编《全唐五代笔记》,都追求更准确的文本。程毅中、李剑国对古本小说的分别校录,也各有成绩。程先生曾撰《〈丽情集〉考》(《文史》十二辑),揭示唐小说入宋之流衍,尤为重要。各单本著作之整理,成就也很丰富。小说笔记作者之墓志,所见则有郭湜、韦瓘、张读、王仁裕等。可说的太多,程先生觉得增订为难,可以理解。

因为翻到一本旧书,引起学术起步阶段往事的联想,更可见到最近若干年内古小说研究的进益,不敢说向程先生请教,更愿意向初进学域的年轻学生传达治学的基本原则,和学会举一反三的能力。

讲清杜甫离开草堂的缘由

接到宁波大学金涛教授的电话,很感意外,至少有十五年没有联系了。马上问年,今年八十二,身体很好,电话里的声音就能感觉出来。金先生告事由,刚在巴蜀书社出了一本《杜甫诗传》,参取我早年论文《杜甫为郎离蜀考》的考述,分析杜甫晚年全部诗作,对杜甫永泰元年(765)离开成都草堂后的经历、心情和诗意,有全新的解读。这当然引起我极大的兴趣。拙文初稿写于1979年夏,是我第一篇学术文字,发表于《复旦学报》1984年1期,至今也35年了。海外据说颇能接受,前几年日本出版杜甫诗注,即从拙说。国内则张忠纲教授曾撰文商榷,陈贻焮教授、莫砺锋教授分别著《杜甫评传》,均注意到拙文,未采信。

先说拙文的主要见解。1979年6月,从朱东润师读研第一学年结束,师完成《杜甫叙论》还未刊,出题《大历元年后之杜甫》。大历元年(766)杜甫在夔州,他最后几年诗宋人很推重,师之期待是可理解。我就一年所学,希望有一历练,因将图书馆相关书全借出,用两个多月时间成文三篇,其一即追索杜甫此前一年离蜀之真相,有清人浦起龙一点点的启发,广征杜甫本人诗,尽翻宋以来之旧案。其二、其三谈杜晚年思想、艺术成就,自觉难突破当时局限,至今仍存于行箧。

宋以来杜甫传记,都说杜甫以检校工部员外郎入参严武剑南节度幕府。永泰元年四月严武死,杜甫失去依靠,蜀中将乱,于是仓促出走。然而杜诗所见行踪与心情,六月已到戎州(今四川宜宾),心情愉快,并不赶路。他在忠州(今重庆忠县)准备立即到江陵,在云安、夔州停留两年是临时决定。吊唁严武诗也作于峡中,很可能出走于严武死前。前述拙文就此展开分析,廓清了前人疏忽的一些事实。他任幕府参谋在前,身上穿的是戎装。检校工部员外郎是那年春初所颁,有服饰,有银鱼,有朱绂,还满讲究。春天他就开始做出行准备,严武则卒于初夏最后几天,似乎只是巧合。从成都买舟东下,到荆州北上经洛阳入京,恰巧是《闻官军收河南河北》"即从巴峡穿巫峡,便下襄阳向洛阳"勾勒的路线。

有人会质疑,唐代安史乱后,检校官只是虚衔,没有实际意义,杜诗中所有自述,其实只是主观幻觉。其实,制度的变化有一渐变过程。玄宗时,检校官指未实授官,或暂署理,或到任即真。安史乱后,为鼓励军功,高层检校官多有虚衔,中层则未变,从肃、代二朝贾至、常衮所草制词可以明白。理解此,知道那年春天由于严武奏请,杜甫被召入京任职,他随即买舟东下,于路心情大好。到三峡口的云安,多年旧疾消渴(今称糖尿病)、风痹发作,在《客堂》诗中说:"栖泊云安县,消中内相毒。

旧疾廿载来，衰年得无足。死为殊方鬼，头白免短促。"危及生命而不得不停下养病。暂留云安半年后，迁居夔州两年，耽搁了入朝的期限，被迫漂泊荆湘而终。

十多年前曾与美国斯坦福大学艾朗诺教授谈到拙说，他告洪业先生早年在美国授杜甫，也有类似的怀疑，并寄来洪著英文书影。此书经曾祥波教授汉译，2014 年由上海古籍出版社出版，写到"诗人究竟是在严武去世之前还是之后离开的成都，这仍然是一个未曾解决的问题"。"因为杜甫没有任何悼念严武之死的作品，这可能表明我们的诗人是在节度使去世、甚至患病之前离开成都的"。立说很谨慎，但也明确地指出，前一年秋冬间杜甫已经很少到军府，接替严武的郭英乂也是杜甫的旧友，严武之死对杜甫并不构成危机。

金著《杜甫诗传》后记，有一大段说到拙文的见解，提到傅璇琮先生、袁行霈先生对拙说的肯定，认为此一问题"牵涉到对杜甫后期思想行为的理解"，"需要重新解读，以恢复历史的本来面目"。他看到杜甫"离蜀后病滞途中，有两大心事牵挂于心：一件是关心时局变化，不时忧国忧民；另一件就是想归朝履职，实现人生理想。他在诗中有数十处写到自己离蜀是为了归朝履职，并为因病滞留途中不能回朝而感到焦急，感到遗憾。"他又说："我写这本杜甫传记，就是依据陈尚君教授的研究成果，用作品演绎杜甫后期的思想和行止，凸显杜甫始终坚守扶君济世理想的本来面目。这可以说是这本杜甫诗传的新意所在。"

金著《杜甫诗传》是一部不足二十万字、追求"雅俗共赏"的杜甫传记,分二十三节,务求深入浅出,文字清简省净,对杜甫一生的叙述能从大处着眼,于细处分析。全引或节引杜诗超过三百首,都有很好的解读。全书不加注释,但能把握学术分寸,看得出做过大量的前期文案,符合当代西方传记虽无繁琐考证,前期文本的详尽推敲却一点也不从省的做法。

即如前述参取拙文对杜甫离蜀后经历的四节叙述,在在都有对拙说新的补充。金先生认为,杜甫在永泰元年初已经辞别严武幕府,所授郎官"检校意为察看、办理,检校官并非虚衔"。他对《客堂》诗的解读,与去年末我在《古典文学知识》新刊《〈客堂〉:杜甫生命至暗时刻的心声》一文所见基本相同,他成文肯定在拙文刊出前。他推测杜甫发病始于忠州,云安期间不堪杜鹃啼叫是"思归心切"。云安冬春间,始终想抱病入朝,但病体孱弱,力不从心。他读出《别蔡十四著作》是送友人入京,顺便表白自己虽不能入朝,可提出蜀事安危的见解。在《夔府情系故国》一节,他用新说对杜甫一系列重要作品有全新解读。如读《暮春题瀼西新赁草屋五首》看到杜甫有济时之策可陈,只因病留峡中,"悲叹朝宗无期,只有中宵泪洒床席"。对《夜雨》《更题》《复愁》等诗,也有很好阐述。对杜甫在江陵之委屈,在公安之穷途,在岳阳之徘徊,入湘后之狼狈,更能作全景式的展开。稍微感到遗憾的,估计因此传定位的缘故,对杜甫后期最宏阔壮丽的诗篇，没能展开论列。

金涛先生是浙江义乌人，原名金竹槐，工作后改名金涛，字涛声，以字为笔名。他是北京大学文献专业早期研究生，曾任职于中华书局。因故调到广西。宁波大学成立不久，他东行任教。我与他熟悉，始于1986年共同参与周祖谟先生主编《中国文学家大辞典·唐五代卷》，他负责初唐部分，达到很高水准。他曾整理《陆机集》，难度很高。二十多年前我与他都参与《全唐五代诗》编纂，他承担王勃、杨炯二集。我得缘见过他的工作稿本，在大开本中将底本粘贴于中页，各本异文分次标出，工作极其规范。二十多年前，傅璇琮先生在宁波东钱湖开古籍提要会议，我与他接谈稍多。不意多年过去，他也遭遇一些变故，而仍能以耆龄笔耕不辍，在他的新著中，确能读出"文章老更成"的意味。真为金先生高兴，更颂福寿康怡，学术常新。

读陈允吉师新著《追怀故老》

　　前几天,厦门大学吴在庆教授来访,我陪同他去看望不久前刚寿开九秩的陈允吉师,获赠新著《追怀故老——复旦中文系名师诗传》(商务印书馆 2019 年 3 月),自是喜出望外。知道他有此写作计划已多年,最早一篇且写于十五年前,耆年终于完成,为他高兴。

　　此书体例很特别,主体写对复旦中文系十位名教授的追念,每人写一篇五言古体长诗,逐句详尽自注,还原十人的生平往迹,学术成就,嘉言懿行,受教与交往点滴。书前《小引》,说明以长诗写诗传,是依傍杜甫《八哀诗》:"昔杜工部哀龄漂泊西南,滞留夔府,感时伤乱,讴旧吊贤。乃至尽驱五言,启赋咏之胜途;奇撰《八哀》,洵歌诗之别致者焉。授业恩师朱东润先生赅览中西,贯通文史,缘倾情于传叙,久肆志乎锥探。职此参稽欧习,熟察表征;汲讨遗书,潜推踪迹。尝谓子美之《八哀诗》联缀翰章,着力摹容人物,创意纷呈,蚕丛独辟,充之记实则功能卓跞,付之立传则构架森严。诚哉斯议,向获认同;如是我闻,适堪依傍。"允吉师喜作骈文,此段文字对一般读者来说有些艰深,他要表达的是,杜甫晚年在夔州作《八哀诗》,哀悼平生敬畏的八位名臣或知友王思礼、李光弼、严武、李琎、李邕、郑虔、苏源明、张九龄，各诗篇幅宏大，长短不齐，务写出各人的平生志业、事功成就、独特遭际及自己的怀想之情。对此组诗，历代评价差异很大。朱东润师撰《杜甫的〈八哀诗〉》(刊《光明日报》1962年4月22日)，用西方传记文学立场，表彰此组诗"继承古代的传统，开创一条大道"，"必然会引起行人的虔敬"。此文发表不久，允吉师留校任教，他既曾在课堂听闻讲授，对朱先生的学识更表赞同。十诗中最早完成的一篇，写的就是朱老。

所述十位名师是郭绍虞先生、朱东润先生、陈子展先生、吴文祺先生、赵景深先生、张世禄先生、蒋天枢先生、刘大杰先生、刘季高先生、王运熙先生，大致按年齿为序。敏感的读者不免会问，复旦中文系不是有十老之说吗，这里为什么有所不同。我没有请教允吉先生，揣摩应该与他本人之交往与熟悉有关。十老之说议定于1994年，其中陈望道先生1977年前是校长，王欣夫先生殁于六十年代中后期。

十首长诗是允吉师倾注心力之作。依傍杜诗，本就不易，要做到诗格神似，贴切写出十位前辈的精神风采，更谈何容易。这里摘几段。写陈子展先生的早年："展师号楚狂，才格出寻常，笔健富清制，气酣凌浩茫。赍书参岳麓，对竹忆潇湘。渠阁通经史，芸台读《雅》《苍》。博观期蔚茂，约取致精详。"写出他的湘人个性与博学进取。写蒋天枢先生整理老师陈寅恪的遗稿："懔懔陈夫子，拳拳向所系。延伫受嘱托，畅叙移阴砌。寒柳垂千叶,金明照四裔。功成却报偿,追琢愈精细。师事久陵迟,非公谁为继。"这段事情学界知者甚多,而从重振师道来讲此,是诗人的特见。写刘大杰先生在复旦论学之才气:"角巾临复旦,衿侣揖尊长。开示演渊微,气神何倜傥。剧谈驰敏识,刊改缀精想。三卷足堪传,四瀛尤所仰。鹤鸣吝苟同,徽誉日增广。"三卷指刘先生1962年版之《中国文学发展史》。写刘季高先生六十年代的遭际:"移驾江淮间,高咏理巾帻。彻究桐城派,披寻资远击。克期奉调归,显作东吴客。排荡劫波起,恒遭事势迫。良由性委和,迄致弭灾厄。辛苦泥沙路,往往倚杖策。"前说他1962年奉调安徽大学,没有怨尤,赋诗一首,慷慨成行,因此而专治桐城派文学。后来又到江苏师院授课一学期。因为他脾气好,动乱中没有大麻烦,但学工务农,则艰辛备尝。写王运熙先生的晚年与离世:"即席醇儒姿,忻朋淡水缘。简书恒整肃,桃李已芊绵。旷朗从心契,清赢任体孱。白头逢晚灿,缁墨染华笺。一仆终成憾,三冬竟未痊。向晨寒气集,叹息满平川。哀韵宏寥廓,为公歌此篇。"王先生成就举世瞩目,但2011年5月17日的一次车祸,改变了他的命运,卧床两年九个月后去世。

更精彩的是十首诗的自注,除一般说明十位名师的生平著作外,更包含大量精彩的逸事。如写赵景深先生藏书三万册,以宋元后之通俗文学为主,他奉行藏书公开,不管来者远近少长,认识与否,登记一下就可借走,以前我也听同学马美信说过。又写赵先生五十年代中期曾在复旦礼堂演出《长生殿·小宴》，几年前《赵景深文存》发布会上，曾听允吉先生有说有唱地叙述过，注里更说"他本人饰唐明皇，夫人李希同饰杨贵妃，女儿赵超林饰宫女，赵家班子一齐亮相"。写蒋天枢先生整理《陈寅恪文集》出版后，觉得有一处引《颜氏家训》标点可能有误，专门到允吉先生所住单身宿舍问讯，确认后在自携书中标出。写到1976年以后，学界对刘大杰先生有看法，朱东润先生说："刘先生身上沾了一些油污，但放到清水里去洗一洗，他依旧是一块石头。"可见诸老之间的尊重与理解。

书中每位名师诗前，都收标准照一张，生活照两三张不等，后者或为允吉师多年保存，或从诸师家人处觅得，多为首度发表。其中有郭绍虞先生中年的全家福，陈子展先生1931年与夫人的合影，1958年吴文祺先生与陈望道校长、王欣夫先生在图书馆参加劳动搬书的留影，张世禄先生1938年的结婚照，蒋天枢先生1934年的结婚照，刘大杰先生与夫人的新婚照，刘季高先生中年与夫人合影，王运熙先生2010年的全家福，皆可称珍贵。

允吉先生1957年到复旦，多识前辈，多知往事，加上记忆惊人，尤关心细节，凡事由他说来，皆生动具体，如在眼前，真可说是本系前辈逸事的渊薮。我到学校也晚，前述十位前辈，参加过郭绍虞先生和刘大杰先生的追悼会，未见生前风神，其他八位都见过，接触深浅不同。读此新著，更添许多联想和兴味，值得推荐。

我更愿意说到，我到复旦读书，得到允吉师许多照拂，至今感铭。到校第一年，担任他任课的课代表，每周承他辅导学生，更得机缘天南海北地向他请益。第二年，承他与运熙先生推荐破格报考研究生，改变了人生轨辙。以后无论写文章或与人交往，都承他能直接批评指引。记得我工作之初，写了几篇与前辈商榷的文章，他径告，此类文章少写些，不要老看到别人的疏失，而要首先建立自己的学术。

记得八十年代初某日，在校医院附近见到他，神色有些黯然，包里取出一张 X 光片，指给我看其中有阴影。其后病休了半年，他的学术与人生态度也发生很大改变。研究佛教与文学关系，更多从生死、病痛、心态等立场加以解说，一篇文章常写七八稿，追求学术之义理、辞章、考据兼美，不贪数量，多成精品。更讲究身体调摄，常年坚持每天长距离走路，年过八十，仍然精力旺盛，身体健朗。谨在此送上我的敬意和祝福。

贺《全宋笔记》出版十编

到今年上半年，《全宋笔记》出版十编，102 册，总收 477 种宋人笔记，确实可喜可贺。该书在九十年代末启动论证时，我曾参加。2003 年第一编出版，在上海师范大学开发布会，我也曾忝列。当时估计，全书大约还需要六七年时间方能完成，事实则历时超过十五年。从启动至今，恰好十九年，也就是司马光修《资治通鉴》的时间。真正有重大学术意义的大规模文献整理，确实急不得。

《全宋笔记》由上海师范大学古籍所负责编纂，前后期分别由朱易安教授与戴建国教授领衔，傅璇琮先生列主编之一，并撰写全书前言，由河南教育出版社改名后的大象出版社出版。

坦率地说，在《全宋笔记》论证时，我并不完全赞同。那时我已经完成《全唐诗补编》和《全唐文补编》，对一代文献之汇编校录有特殊的感受。今人说诗文，对各自的文体特点和彼此界限，似乎并不会引起混乱，但将一代几百年间所有作品堆在你面前，就会发现有大量诗文之间的作品存在。诗词之间的界限，也到宋代方分明，唐代几乎没有办法分切。笔记的边界就更模糊了。虽然习惯有笔记小说、野史笔记的提法，但在古籍分类上并没有列此一项。要将一代笔记收齐,似乎是不可能完成的任务。

第一编出版时,读到傅先生执笔的前言,忽有感悟。要想如清人所编全唐诗文那样,标榜将宋人笔记没有遗漏地收齐,当然绝无可能,但在《全宋笔记》大题目下,将存世宋人笔记做一次系统的调查和整理,难道能说没有学术价值吗?就此而言,《全宋笔记》的课题成立,体现了圆融的学术精神,即不故悬高格,而是降低身段,考虑到全书成于众手,提出所有执笔整理者都能理解、执行、完成的学术目标。具体来说,我看到有以下几点。

一是为宋人笔记减肥。规定主旨明确的专书不收,因而将诗话、语录、谱牒、题跋等类书均排除在外。

二是以有专书传世者为整理重点,已经亡逸的书一般不收,也不将笔记辑佚作为非完成不可的任务。

三是全书大约照顾到时代先后,但并没有严格限定,而是完成一批,出版一批,既照顾到项目的推进,也让参与者可以因成果之发表,得到应有的学术承认。最后几编中,仍有一些北宋乃至宋初的著作编入,虽没有严格遵循先后之序,因各书相对独立,并不影响读者之阅读。

当然每一项规定,各人见解都会有分歧,但一经确定,坚持贯彻始终,方有全书之完成。恰如傅先生领衔的另一部书《全宋诗》,初定体例即规定普查先完成《宋诗纪事》引及之书目,总集、笔记一般援据通行本，每一首诗只记录一个文本而不是会校各本，看似学术定位不高，但基本班子是刚毕业的学生，各重要别集又外约各地学者，只有这样方能保证最后完成。对《全宋笔记》，我也作如是观。

我因近年作全部唐诗的校订，得以披览《全宋笔记》所有各册，读到许多前所未见之书，常见书也看到后出转精者，如《夷坚志》《桂海虞衡志》都有许多新的佚文补入，又如《昭德新书》以往仅见四库本二卷，此次据南京图书馆藏明刻本增入第三卷。这些可举的例子太多，说明整理者做过很好的文献调查。当然，水平参差不齐的情况仍有。有些是无法要求整理者皆加解决的。比如我校唐诗，见宋人笔记中凡提到唐人诗者即全部录出，逐一查证是否佚诗，是谁的诗。一查方发现，宋人凡引不知作者的好诗好句，就径称唐诗。现在查证方便，知大多为宋人诗。这是笔记原作者之错，整理者如能指出，当然最好，无法逐一指正，也应原谅。

作为一项社科重大立项和国家出版基金资助的大型古籍整理和出版项目，《全宋笔记》已经圆满完成。出版社还考虑出版电子版和网络版，也是好事。作为宋人笔记之系列工程，希望整理者和出版者仍持开放态度，能做进一步的后续工作。

是书成于众手，水平高下不齐在所难免。如出合订本或新编本，希望将已经发现的错误有所纠改。如最后一册据元陶宗仪《说郛》选录五十九种笔记，兼取商务印书馆排印张宗祥校定百卷本和明末清初的宛委山堂本一百二十卷本，收入四库的也是宛委本，其实后者包括大量后出伪书，似乎与陶宗仪已经没有什么关系。稍做翻检，相信如《玄池说林》《三余帖》《内观日疏》《嘉莲燕语》《继古丛编》皆为伪书。校改之细节出入，偶有所见。如《先公谈录》原文"杨公徽之"，删去"之"字，似忽略了《宋史》卷二九六有《杨徽之传》，杨亿为其撰行状，苏颂为其撰墓志。同书录王彦威诗，既云"正是酬防报国时"，又云"粗官到防是男儿"，两个"防"字皆属排版时失校，前者当作"恩"，后者当作"底"。《野人闲话》"蜀主能文章，尝为箴诫颁诸子"，校云"诸子"商务本作"字人"，据宛委本改。其实此间述蜀主孟昶颁诫各郡县守令，有"尔俸尔禄，民脂民膏"语，"字人"不误，"诸子"误。

全部宋人笔记，肯定不止477种，希望有人作一总目，备记存佚。就我所知，如《名臣言行录》《宋朝事实类苑》《三朝北盟会编》中仍有大批宋人笔记可供辑佚。香港已故学者阮廷焯，曾在《大陆杂志》等刊物发表宋人笔记数十种辑本，如郑熊《番禺杂记》、李丙《丁未录》、马永易《元和录》、失名《谈选》、孙宗鉴《东皋杂录》、贾似道《悦生堂随抄》，皆为《全宋笔记》所未收。

另外，作为《全宋笔记》的延展，《全宋诗话》《全宋语录》《全宋题跋》一类书，仍有编纂的必要。欧阳修早就说过，诗话是为了"录以资闲谈"，就是诗的笔记。今人研究诗话者多，但至今没有全部宋人诗话权威优质的校订本，也是事实。举例来说，从明清诗话丛编中的严羽《沧浪诗话》，到最近六十年郭绍虞、张健的两次校解，基本文本发生巨大变化。已有的《宋诗话全编》，只是仓促而成的宋人论诗语的堆垛，不足让学者信任。再有语录，是最典型的笔记。如《朱子语类》，众多学生记录一代大师混杂村言俗语之讲学，难道不是笔记吗？宋代理学家和禅宗僧人所作尤多。题跋更是最鲜灵活泼的笔记。当然，这些都已经不是《全宋笔记》的任务，是新的重大选题了。

基本文献建设是付出艰难而完成不易的文化积累工程，为此应向《全宋笔记》的整理者和出版者致敬。

唐时明月照人来

　　初识朱红,是在 1996 年底或 1997 年初,她来找我,为已经获得推免研究生的资格,希望我能担任导师。当时感觉,她是一位认真、会读书的女生,为人也真诚朴素,理解和表达能力都很好,这就具备今后深造的基础,当然乐于承责。这样就有了以后五六年随我读书的经历——从硕士到博士,仍然推免,后来听到她从高中到博士,居然没有参加过一次升学考试,全部免试直升,还有更厉害的学霸吗? 不过她倒一直是平常心看待学业,交代的作业都完成得很好,读书中遇到的难题也愿意不断问我,我无法全部解答,只能就所知告她,她也从来不会为难我。那时学校里没有为老师提供研究室,研究生上课都在老师家中,她每次都骑一辆除铃铛不响其他哪儿都响的旧自行车,后面还带一位女生,穿过人车汹涌的道路而来,不免为她捏一把汗。偶尔同学们在我家聚餐,我怂恿她做道菜,她居然一个都不会,真让人为她的未来担心。

　　朱红的博士论文选题为《唐代节日民俗与文学研究》,她为此花了很大的工夫。当时也做了一些专题研究,告诉我曾投出稿有《中和节考》《唐代中秋新说》《从唐代上元节看佛教文化的影响》《唐代的读时令》《〈岁时杂咏〉钩沉》《唐代节日诗会：应制与唱和》《岁时类书的比较研究》等，也应算勤奋。在这过程中，她更多的兴趣是在探讨古今岁时节日主要有哪些变化，中古新起的重大节日如上元、中秋等受到哪些文化影响而渐次定型，唐人岁时节日从穿着、饮食、游艺、交往有哪些新的特色，这些新俗在存世文物中有哪些实物遗存，在具体行为上又是如何动态展示。从那时起，她对唐代的风花雪月、奇装异服、人情冷暖、日常物事，无不以浓厚的兴趣加以关注，日积月累地寻求确解，学术兴趣不知不觉地有所转移与变化。

朱红论文答辩时，我恰好在日本访学，只好委托其他老师代为审查，据说评价不错，顺利通过。此后她结婚生子，家庭美满，工作稳定，当然日常琐事会牵扯许多精力，当我多次听她夸讲烹饪技艺如何日新月异时，真不能不对她刮目相看。虽然如此，她在家庭、工作与写作上，颇能处理得从容淡定，优裕稳妥。最大的变化，似乎一是曾几度到海外访学，大大开阔了眼界，二是协助夫君，搜集了数量巨大的徽州文书。现在结集的这本书，就是她据最近十多年发表在一些文化刊物上的学术随笔汇编而成。通读一过，确实感觉到她的阅读兴趣、文化品位以至行文笔势，都已经有了许多变化。

本书收文十八篇，读来都很有兴味。《唐人的新年》写唐时的年俗，从宫廷到市井，从郡斋到山野，都沉浸在送旧迎新的欢乐气氛中，喜气融融。《唐人的春天》更欢快，逢花即饮，乘兴游衍,加上节日频仍,人生多暇,谁能不流连春光,享受人生?写寒食扫墓,心情一变,朱红从武后时期的一桩公主失窃案写起,引玄宗诏书"寒食上墓,礼经无文,近世相传,浸以成俗"的规戒,写出寒食、清明节俗转变过程的严肃话题。《唐时明月》似乎是她在新疆旅游时的即兴联想,其中古今玩月诗的写作自可敷写,最精彩的还是告诉我们最初的月饼是什么形态的。《苦荬餶饳与泼生》《德食之间》告诉我们,唐代的民间小食与大块吃肉,具体该如何烹调,读来让人味蕾大动。还有《新缣故素》,将唐人闺闱内的隐情与面对新妇旧人的复杂心境写出。所引敦煌《放妻书》,在治敦煌学者自是常见文献,但世俗知者不多,所揭分手之际,彼此没有怨愤,故夫更祝旧妻"更选重官双职之夫",唱出"希望你过得比我好"的良好祝愿。这才是中华民族的民间美德,可惜后来千年被认真而迂执的理学家弄得本末倒置。《奁谱·礼金·婚俗》则写出一位六十二岁老翁面对四十五年前与老妻新婚时的奁谱,回首往事,无限感慨。这份奁谱经过多少代子孙的珍袭,现在意外地归朱红所有,她从中想象一百七十年前皖南娶亲之盛况,妆奁之丰盛,乃至那个时代日常生活的种种细节,以及当年的商业往来、经济状况和人情礼教,心有戚戚,不仅仅是发思古之幽情了。还可以举许多例子。比方今人赏花都喜欢明艳花开,而朱红却特别注意唐人对半开花之吟咏,从中体会古人不求已甚的中庸闲适心情。《相思怎成灰》则从扈载妻嫉妒成疾的有趣故事,说到唐人日常熏香的原因及其佛教寄意。真很有意思,恕我不一一列举了,否则一定会因我拙劣的介绍影响读者阅读的心情。

朱红的这些文章,是她长期关注唐人日常生活,体会古人的情调与习惯,加上自己的体悟与感受撰成,不仅有想法,有情感,也有好文笔和新文献。这些文字,年轻的文史爱好者可以读到品位与文采,如我这样的专家也时有特别的心会。比如《北梦琐言》所载柳家细婢一节,用新出的盖巨源墓志来参读,我也曾引过(见台湾师范大学《国文学报》2012 年 2 期刊拙文《柳玭〈柳氏叙训〉研究》)。但朱红却以诗性的文字重新描述柳婢到盖家以后的生活场景,解读盖本人的社会地位与其俗侩行为的落差,并揭示这一故事从《懒真子》到《北轩笔记》的变化轨迹,说明雅俗之间的文化差异如何影响下层群体的行为选择。唐传奇《唐晅》,台湾大学陈弱水先生做过长篇论文,朱红则从另一立场解释,借生死判分的夫妻,因鬼魂重新现身而再谈生前身后事,温情婉婉,彼此珍惜,真是难得。好的学者,能将自己读书中的独特体会、人生感受、文化品位,以及精神矜持,写出来贡献给社会与读者,实在是比写几篇学术论文更重要的事情。

朱红的博士论文,从通过到现在,十五年了,一直还没有出版。因为早就在网上公开,她也不断抱怨自己发现的新材料、新观点不断被别人抄袭,自己又一直没有定稿出版,很觉遗憾。其间原因,我完全理解。读她当年的文字,对比她近年的文章,可以看到无论阅读的广度和深度,表达的分寸与舒展,论说的精密和从容,都已经有很大的不同。我自己也有同样的感受。如我的《全唐诗补编》,完全是前数码时代的著作,现在真难以见人。回看当年文字,不做大的改写和增补,实有些不好意思再拿出来。不知道朱红是否也有类似感受。先贤说,五十而知四十九年之非。没有其他原因,世界在变,自己的学术积累与品位也在日日趋新。"回瞻林下路,已在翠微间。时见云林外,青峰一点圆。"(宋岳珂《宝真斋法书赞》卷八引唐人《青峰诗》帖)瞻前顾后,不如下个大决心,玩出全新的面目来。

我认识朱红二十多年,看着她从青涩的学生逐渐成长,才情与识见与日俱增,学问与文章不断变化,为她高兴,也期待她新的进益。

(朱红《唐时明月》,三联书店 2019 年 2 月出版,
本文据为此书所作序改写)

我作《辞海》修订

少年时,住在南通仓巷,房东程广发须髯全白,天井里种了许多绣球花。某天进园看花,茶几上见一本老版《辞海》,略翻几页,惊叹天地间居然有如此知识丰博的大书。仅仅惊羡,小孩不敢借。此我知有《辞海》之始。

1978年春,我以在校工农兵学员二年级生的身份报考研究生,专业是中国文学史,但专业课还没开设。我的备考办法,一是将当时能借出的各种文学史放在一起比读,二是读《辞海·文学分册》,后者所涉的知识点,远比各种文学史为多。幸运考到专业第一,改变人生轨迹。《辞海》分科分册可以说是各学科的入门指南,后来得闲,读过不少。

1985年,《辞海》1989年版修订开始。承分科主编章培恒先生看得起,让我负责唐宋部分,总数大约1500条。《辞海》编辑部对修订之态度极其庄重,将档案所存之历次修改文本都交作者参考,因得知文本演进的过程,也发现时代原因,前辈做事都小心翼翼,或仅改些虚字标点,且特别希冀表达立场正确。

八十年代的学术繁荣,使那一版的总体学术水平得到大幅提升,我负责部分也是如此。所记得者,如文言笔记的修订,参考了余嘉锡《四库提要辨证》和程毅中《古小说简目》，特意增加《异闻集》与《丽情集》条目，表彰二书在唐宋传奇史上的核心地位。唐宋诗人词人部分，吸取那时最前沿的成果，夏承焘到傅璇琮都有参取。八仙部分，充分利用浦江清《八仙考》的成绩，其后的推进也陆续有所补充。最近几十年新见文献数量巨大，但达到在《辞海》中立条目者并不多，比方唐人别集，有几次大的发现，《张承吉文集》值得立新条，王绩、张说别集足本之发现，则补充内容就可以。唐一流诗人，十多年前发现韦应物、姚合墓志，在最后定稿之际补充了新内容。李益墓志发表时已来不及，2019版中会反映。

《辞海》遇到学术评价分歧、记载难作判断者，是对执笔者学力的严峻考验。比方《全唐诗话》，旧版似说为南宋尤袤编，汇聚唐诗诗事，为唐诗研究重要参考书。我则将其改为："此书旧时流传颇广，但实为抄窃计有功《唐诗纪事》而成。原序不署名，仅云'咸淳辛未重阳日遂初堂书'。宋周密谓贾似道作。明清刻本皆题尤袤作，实出附会。《四库全书总目》谓出贾似道门客廖莹中之手。清尤侗、近人丁福保疑为尤袤孙尤焴所编。"完全改变旧说。此书六卷，曾收入《历代诗话》，读者很多。持与《唐诗纪事》一比较，不难发现全部属于摘抄，余嘉锡做过比读，我也曾逐条复核。《唐诗纪事》全书具在，一般读者可以随便看，专业学者则应严格区分。此书作者为谁，历代聚讼纷纭，我希望能准确而有区别地加以表达，首先说明原序后之题署，即作者留下的唯一线索。对主要的四说,则指出贾著为周密一家之言,尤表断出误说,廖莹中、尤焴二说均出推测,难以定论。叙述分寸拿捏,是合适的。

前人强调一家之言与学术共识之区分,我十分赞同,总希望严格把握。在涉及自己研究所见时,尤宜谨慎取舍。温庭筠生卒年,旧稿取夏承焘《唐宋词人年谱·温飞卿系年》的说法,标识为约812—约870。到1989年版,改为?—866。卒年改动的依据,一是确认夏说认为温870年还可能在世,所据之南诏侵成都事件,应该发生在828年,二是施蛰存从南宋石刻记录中发现866年温庭筠墓志的记录。卒年可以得到确认。生年考证唯一线索是《感旧陈情五十韵献淮南李仆射》诗中,叙述与李年龄之差异及叩见时间。夏先生认为李是李德裕,更倒推温生于812年前后。我在《中华文史论丛》1981第2期刊文《温庭筠早年事迹考辨》,认为李是李绅,推温生于801年前后。当时我认为,新说似乎还不能完全作定论,但夏说之误则可确定,因而将生年空缺。后来因张以仁、刘学锴等前辈皆表态支持拙说,方改为约801年生。类似的情况还有《二十四诗品》是否司空图作,因我与汪涌豪1994年刊文断其非司空图作,引起广泛争议,支持与反对者都很多,最近二十年古籍检索的普及更有力支持了我们的推测。但若我因修订《辞海》武断判定是书为伪,总有公器私用的嫌疑。从1999年版开始,我将该条第一句作者归属的话改为"旧题唐司空图撰",既表达客观事实,也提醒读者此处有疑问,但仍难作结论。当然可作结论还应勇于断决。《本事诗》作者是孟棨还是孟启,记载有歧,《四库提要》说"诸家称引,并作棨字",是纪昀的臆断。近几十年内山知也调查《本事诗》所有传世文本都署孟启,王梦鸥证明孟启字初中,名、字恰相应,洛阳已经发现三处孟启的签名石刻,证据足够定谳。我于2009版《辞海》定稿前,请编辑部将全书《本事诗》作者部分都改为孟启,幸获接纳。

当然也会有特殊情况。朱东润师知道我参与《辞海》修订,问我:"《辞海》怎么可以没有唐文治先生呢?"后来读师自传,知他曾与鲍正鹄先生为此给编辑部写信,未获允准。我请示分科主编,章先生说你可先写出来。我仍联系鲍先生,鲍请苏州大学校史馆提供资料,写成初稿。

《辞海》始终坚持在世之人不立条目,成为公识。最初似乎在世人名也尽量不提。比如李白、韩愈有今人注本,只说"今人有校注本""今人有编年集释本",不提谁做。李庆甲先生是1985年去世的,1989年版《瀛奎律髓》条,仍仅讲"今人有汇评本",后来才将名字补出。但有时仍很难。比如《全宋词》,是基本典籍,那时唐圭璋先生还在世,经请示后同意出书名条目。近年稍微放宽一些,有学术定评之专书,和古籍条目下所涉今人笺注本有客观介绍,对读者是有用的。

1989版《辞海》,唐宋文学部分修订费时在半年以上。此后几次费时没有这么多,因所涉问题已熟悉,且有长期关注积累。对我来说,修订《辞海》付出虽多,但收获也不少:一、熟悉了辞书语言的表达,省略主语,高度浓缩,拿捏分寸,遣辞规范,得到严格训练。其后为各种辞书撰稿约一万条,得心应手。二、了解到任何复杂的学术问题,都可以浓缩在百把字中作最稳当的表述。前几年流行微博,写了许多,在 140 字的限制中说了许多事情。三、培养全方位关心学术动态的习惯,知道轻重缓急,也理解学术研究中不足立说、可备一说、接近成立以及确凿不移之程度,学会了复杂争议中稳妥取舍的办法。前辈常讲,年轻人喜欢把话讲满,足见学术不成熟,成熟的标识是知道把握分寸。对此,我是逐渐体会到的。

我的神明书架

刚开始学术研究那会儿,整天泡在图书馆里,什么书都看。那时总有个梦想,何时自己也能拥有很多的书,享受坐拥书城的感觉。图书馆的书可以阅读可以出借可以利用,但毕竟不是自己的书,不能批点不能札记更不能剪贴,学者还是要有可以处置可以积累可以保存的自己的书。几十年下来,不断积累,自己的藏书也有很大的数量,只是阅读的兴趣和能力总觉得在衰退,经常不记得某书自己买过没有,自己肯定有的书,经常遍寻不见,还得劳动图书馆。

我的书,部分是有兴趣阅读的,有愿望收存的,都属闲书,广涉古今中外。核心部分则是专业书,与本人治学有关,以唐代为中心,以中古基本典籍为主,各路学问的书都完足。谁让我要做唐代基本文献呢!基本文献的特点就是包括四部,奄涵各科,储材备用,服务学林。话说得有些大了,但还属实情。最初也随一般学者那样治作家作品,偶然发现大批唐人佚诗居然不为世知,于是将工作漫及一代,1987年成《全唐诗补编》。继而补《全唐文》,更感原来知识不够用。1993年起做五代史,浸淫十来年,完全不带文学的立场,又有别样的感悟。可以说每一段工作，都涉及成百上千的典籍，每天都在书堆中折腾。偶有记者询问，最近在看的书，可以推荐的书，最喜爱的书，我都茫然无以应答。在我，是详尽阅读所有相关存世文献，理解每部书的作者、成书、留存、价值后，可以在学术研究中运用自如，有早晚真伪完残的区分，但不厚此薄彼。这是专业学者与业余阅读者不同的地方。

当然，也有如神明般守护我的书架，引领我学术航路的宝书。

第一部是中华书局点校本《全唐诗》。初版于1960年4月，精装十二册，仅印2 600册。整理者署名王全，是王仲闻与傅璇琮两位先生1959年据清扬州书局本整理，仅作点断，略有订正，末附《全唐诗逸》。1978年我考入唐宋文学研究生，开始在图书馆看到。第二年看到将要再版，平装25册，定价39元，大约是我一个月的生活费。现在书的扉页有题记："1979年10月预订。1980年2月26日始取得第一至第五册。略翻审，除分册略异，文字较1960年初印时未加校订。"就现在来说，这部书平常多见，凡做古代文学的，谁手上没有呢？但我的这本，真和所有人的都不同。

《全唐诗》是康熙第五次南巡时，让曹寅在扬州开局，由彭定求等十位江南在籍翰林用一年半时间编纂而成。康熙撰序，称"得诗四万八千九百余首，凡二千二百余人，厘为九百卷。于是唐三百年诗人之菁华，咸采撷荟萃于一编之内，亦可云大备矢"。近年因为胡震亨《唐音统签》、季振宜《全唐诗稿本》先后印行,这部钦定大书成书过程以及材料取舍都已经很清楚了,可是那时还不了解。当时读岑仲勉《读全唐诗札记》、闻一多《全唐诗校读法》、李嘉言《改编全唐诗方案》,知道这部大书内问题很多,但就全局来说,似乎并没有清晰的认识。那时候年轻,精力好,胆子也大,古人不是说读书必先校书吗?我就从校书开始。我将唐诗基本典籍中收录唐诗的篇目,与《全唐诗》逐篇对核,在自己的书上做记录。其中包括各种文本的唐集,《文苑英华》《唐诗纪事》《万首唐人绝句》《乐府诗集》等要籍,明清时期刊刻的大型丛集与总集。那时图书馆凡康熙以后刊本都不算善本,研究生可以借到寝室阅读,我就每天借几大捆线装书,包括《唐音戊签》《全五代诗》等。列入善本的明刊本,比如《唐诗纪》《唐人八家诗》等,则在图书馆爬梳。我的工作是竭泽而渔式的,在八十年代初期就将复旦图书馆所藏唐诗典籍阅读殆遍,且留有记录。凡遇稀见善本,也与手边文本作校勘记录。这样积累几年,我手上的这部《全唐诗》已经附抄了大量材料,记录了各种典籍中保存唐诗的线索。当然,也因此而见到许多清人失收的唐诗。书当然还是原来的书,但有这些阅读调查记录,我的这部《全唐诗》可以说已经完成升级换代了。我后来的许多工作,就这样做好准备。做《〈全唐诗〉误收诗考》,是在查对中发现数百首其他朝代人诗混入唐诗;做《全唐诗补编》,是在《全唐诗》以外查到数千首唐人佚诗;做《二十四诗品》辨伪的最初契机,是我从没见到明末以前有此书为司空图作的记录,《全唐诗》下此篇一直空白。当然,有此凭依,我可以做出可以取代清编《全唐诗》的新本。年轻时愿意牺牲一些名分与别人合作,可惜所遇不淑,终难有成。近年忽感时不我待,始发愤著书,期有所成。

第二部可以说的是《全唐文》,中华书局1983年影印本,略作点断,有标识。书价高达370元,那时可是我三四个月的薪水,新婚不久,恰是手头最吃紧的时候。犹豫很久,偶见打九折,咬牙买下。按照当时行情,同等篇幅的书定价大约在100至150元间,这书显然贵出不少,后来得知是书局财务算错了,郁闷。恰好唐诗辑完,准备辑补唐文,这当然是必不可少的准备。方法仍和《全唐诗》一样,只是1985年后复印开始普及,平冈武夫《唐代研究指南》已经可见,不必全部记录。但文有比诗更复杂的地方:一是文体界定不如诗清晰;二是诗至少可以句为单位查检,文的传异、传误则更严重,很难检索;三是文包括了社会日常生活的所有方面;四是清末以来新发现文章数量极其巨大,近年几乎是以几何级数在增加。我做《全唐文补编》增补7 000篇,够丰富了吧,此外未用的墓志和新出石刻居然还有上万篇。算了,学无止境,坐观云起云灭吧!

第三部可以说的是一部索引,傅璇琮先生等编《唐五代人物传记资料综合索引》,中华书局1982年出版。以前看陈寅恪、岑仲勉的著作,在涉及人事研究时,文献随手取舍,佩服得很。但这部索引则将唐代基本人事文献的具体细目全部作了编录，使笨拙如我也可以在史料间任意跳掷腾挪。这本书为85种书编了传记索引，其中既包含正史、全唐诗文、唐诗基本典籍、书志、书画、僧传等，还包括了《元和姓纂》《郎官石柱题名考》《重修承旨学士壁记》《唐登科记考》《唐方镇年表》等缙绅、职官类专书。我在1980年代做唐诗文辑补，广检文献，手头一直放着这本书，随时准备对检查核。可以说，我那时能够广泛了解唐代人物事迹，在很大程度上是得益于这本书提供的方便。许多学者都喜欢故作高深，似乎一切学问都是阅读得来，何曾利用工具书。其实有成就的学者都离不开工具书，甚至自编工具书。在我则多年来坚持购备各类文史工具书，自己也编过。金针度人也自度，学问其实不复杂。

最后一部书说《资治通鉴》，司马光空前绝后的著作。中华书局1955年整理本，集中了当时最优秀的学者，其确定的规范为后来二十四史点校本所继承。我是1978年买的1976年上海印本，二十厚册定价30元，那次偶去书店见正特价20元，愉快何如！司马光是我很钦佩的历史人物，他有执着的政治立场，但在遭遇挫折时退而著书，真是进退得宜、穷不丧志的典范。对这部书的认识，则绵续许多年而逐渐加深。我在研究生一年级时为熟悉唐代史事而通读唐代部分，欢喜其叙事条理清晰，主次分明，人事恩怨、政事得失，每有深入陈述和诛心之论。以后研究深入，特别是与欧阳修比较，更可知他不强调春秋笔法,不讲究正统偏见,努力探索历代兴亡过程和真相。十多年前做《旧五代史》的考证和辑校,把正史、《册府元龟》所存实录与此书作了几乎每天史实的逐条比较,确认其叙事在纷繁文献中取舍之有识,在文献纷歧时遴选和考证的准确精当,以及改写史文时的忠实严肃。2009年是司马光诞辰990周年,我曾在复旦学院作题为《兼济独善之典型　千年史家之魁首》的学术讲座,肯定其为人为政为学的成就。《资治通鉴》成功的原因,我则概括了四条,曰史观通达,曰方法得体,曰助手得力,曰亲力亲为。缺了其中任何一项,必无所成。特别是亲力亲为,全书一手写定,更属难能可贵。司马光的德、识、才、学,在这部书里贯穿始终。他在最后完成的进书表中说:"重念臣违离阙庭,十有五年,虽身处于外,区区之心,朝夕寤寐,何尝不在陛下之左右。顾以驽蹇,无施而可,是以专事铅椠,用酬大恩,庶竭涓尘,少裨海岳。臣今筋骸癯瘁,目视昏近,齿牙无几,神识衰耗,目前所为,旋踵遗忘。臣之精力,尽于此书。"这是一位伟大学者的自述,是他以生命贡献学术的写照。每读至此,不能不为之动容。

可说的书成百上千,天热,就此打住。

网络时代的传统文史之学

　　最近二十多年中国文史研究的巨大进步,在理论创新、方法变化和领域开拓等方面,都有超迈前人的成绩。其间原因很多,我这里只想指出一点,世界各国的公私藏书都能为学者所阅读利用,即使最传统的经史之学,现在学者能看到的文献较前人不知要丰富多少倍。同时,古籍的大量影印使珍本秘籍成为学者的案头常备书。十多年来,海峡两岸的许多学者、研究机构和实业人士,投入古籍电子文本或资料库的制作建设,已有的成绩使学者获益巨大,这是众所周知的。

　　古籍电子文本不仅查阅、剪贴方便,而且能逐字逐句地检索,改变了传统学术靠记诵和个人资料积累的习惯,必将对文史研究带来巨大的革命性的变化,其中如汉语史(特别是文字训诂学)、古籍辑佚和训释,以及古代人事、典籍、制度、地理等方面的研究,得益最为直接。记得五十年代有提出重编《全唐诗》之举,只能动员学生一句一句抄卡片,再费大量人力排出,费力多而收效微。我在二十年前作唐诗辑佚,也因《全唐诗》不能检索而留下许多缺憾。现在可以很方便地解决了。相信不要太久,收罗几万种基本典籍的可全文检索的古籍库必能建成,传统国学必将发生翻天覆地的变化。

有的学者因此而断言,做文献资料工作的今后将失去意义,以文本校订、诠释、考证为主的传统文史之学也将逐渐失去价值。对此,我仅表示部分的赞同,即传统文史之学应利用网络时代的种种便捷,提升学术层次,改进研究方法。而就现状来说,各种古籍电子文本或资料库的建设常见的通病,正在于重视信息技术而忽略学术质量。由于文本遴选未必最佳,校勘未臻精善,校对又常草率,适应一般读者需要而将许多学术层面的内容删去,加上因繁简互换、内码错乱等原因,古籍电子文本虽给大家以便利,但如不复核书本文献,一般还很难为学者放心地引用。许多古籍电子文本还仅停留在可供烹制学术快餐的需求层面上,一些制作者不免有较多出于商业利益方面的考虑。我们在享用现代科学技术的同时,不免又有一种忧虑。近年因《四库全书》的普及,现在的期刊论文到各高校博士论文,常不加区分地都用《四库全书》本,其实从文本来说,《四库全书》本有很好的,有的仅可备一本,也有相当部分改窜太多,完全不能用。

古籍电子文本或资料库在进一步大发展后,如不在学术质量上有非常高的追求,很可能造成一场新的灾难。举例来说,《全唐诗》是以明末清初的学术积累为基础仓促编成的一部错误很多的经典大书,学术界对其所作的考订补录极其丰富,问题都弄清楚了,但到现在为止海峡两岸已作的《全唐诗》电子文本已不下十多种,对学术界已有的成绩基本没有吸取,而且多半仅录唐诗白文,学术质量远落后于清刊本。即便是近二十年最好的两部大型断代文学全集《先秦汉魏晋南北朝诗》和《全宋诗》,由于仍有相当部分的书缺收,又都是在典籍无法通检的时期编成的,有一些这样那样的错失也都是可以理解的。就此来说,我认为网络文献的普及必将带动传统文史之学的飞跃发展,而古籍电子文本或资料库的建设,尤其应该更多地吸取传统文献考据之学的成绩,与有关学者的工作相结合,上升到更高的境界。由于网络文献独具的动态特征,对新成果的吸取可以更及时,更准确,更便于为多数人了解,不必如书本文献那样一旦付型,轻易不会再版,得到机会修订也是几年甚至几十年以后的事了。

还以《全唐诗》为例来说,保存清编本面貌的可以是一种文本,而今本则应做到:1. 在文本上,能反映一首诗在历代各种文本中的面貌;2. 收诗全备,后出新见的应陆续予以补出;3. 前人已有的研究,应能有指示联接。如同杀毒软件不断升级换代一样,《全唐诗》也可以不断升级换代。

附记:以上文字写于 2002 年 9 月 19 日,从未发表,存于研究生文档中,偶然找到。我于 1997 年底接任复旦中文系主任,立即给全系教师发钱买电脑,鼓励改变写作习惯,但自己却到 2001 年初方学会电脑,5 月初方写成第一篇文章。此文写于其后一年多,对网络与电脑写作都所知甚浅,似乎即写感受,倒也有一些真诚之见。有些预言,许多后来多应验了,有些仍未变,如古籍电子库的学术质量。认为数据库有便于炮制学术快餐,而无法满足高层次学术研究的要求,则目前有变有不变。当时我与国内一些学者合作做新编全部唐诗的工作,偶陷僵局,但还没有破裂,仍希望能将全书完成。当时我还完全没有用电子文本作古籍整理的经验,四年后即 2006 年作唐前诗的校订,仍复如此,直到两年后方改变看法。但当时我已经朦胧地感到,利用网络随时可以修改的优点,利用现代科技可以同时打开成千上万个文件,可以在网上公开,可以让尽可能多的学者参与《全唐诗》的校订,不断升级换代,希望能完成全书修订。现在看,一些想法是超前的,稍作改变可以实行。我近十年作《全唐诗》新写定本,即在电脑中开了 13 000 多个文件,每日不断改写订补,不过没有上网,别人也看不到。一些想法真的很幼稚。如果真在网上操作,每天会收到大量点赞与谩骂,让人应接不暇。自己的新发现,很快就会被别人窃取。如果费十年时间,终于大功告竣,还没等我回过气来,全书已经署上别人的名字出版了。好在当年仅做了一个梦,梦到什么,自己已经全部忘记。偶见旧文,稍存感慨,略记始末,立此存照。2017 年 7 月 6 日附记。

日本的年号与天皇家

日本公布新年号，国内学人议论一片，辛德勇教授著《建元与改元》也顺势上位。但不知为什么，国内唯一一本讨论日本历代年号所据典籍及历代天皇家支谱系的著作，即李寅生教授著《日本天皇年号与中国古典文献关系之研究（附：日本天皇家庭成员关系简介）》（凤凰出版社 2018 年 3 月），却很少被提到。我与李教授曾有过从，但这本书是自己购买，曾认真通读。以下所谈均据李著，且相信李教授曾广泛而充分地参考日本学者的研究，并非全出个人发明。

中国的年号始于汉武帝建元元年（前 140），那时日本国还处于混沌中。年号代表国家正统，承认年号即承认政权统治的合法性。陶渊明入宋仅书干支，朱梁代唐后，河东仍用天祐年号，蜀、岐仍用天复，即不承认新朝。中国如此，日本也一样。日本用年号，始于孝德天皇建元大化（645），五年后改元白雉（650），其后中辍，似乎还不适应。三十多年后，天武天皇建朱鸟年号（686），仅用不足半年。直到文武天皇建元大宝（701），年号方成为习惯。那一时期日本真心学习唐文化，自称律令制国家之成立，年号存废，也可见朝野态度之变化。

日本新年号令和，今人都说首次不出自中国典籍，此说不完全准确。前云白雉，即因穴户国捕到白雉进献，以为吉祥，遂改元。至于《汉书》也提到白雉，仅巧合。元明天皇建元和铜(708)，仅因秩父郡进献和铜，也无汉籍依凭。圣武天皇的三个年号神龟、天平、天平感宝，李寅生认为"迷信的色彩较浓，没有什么文化含义"，仅因天皇多病，很在意吉兆祥瑞。其后孝谦天皇用天平胜宝、天平宝字、天平神护、神护景云四年号。孝谦是女天皇，李寅生认为她内心脆弱，需要政治上的支持者。很负盛名的嵯峨天皇年号弘仁(810—824)，也不出中国典籍，李寅生认为体现儒家思想，自无问题。淳和天皇年号天长(823—833)，也无典籍依凭，李寅生推测可能参考唐玄宗定诞节为天长节。此后仍有许多天皇年号取资祥瑞，在此不一一列举。

日本年号有许多与中国年号重复，其中至少有一部分是对中国曾有的政绩表达景仰效仿。如唐太宗贞观之治，当然是一段佳话，清河天皇用贞观为年号长达十八年(859—877)，应非偶然巧合。村上天皇用天德(957—961，中国稍早闽中曾用此年号)，圆融天皇用贞元(976—978，中国唐德宗年号785—805)，后小松天皇用至德(1384—1387，中国唐肃宗756—757)，大约仅是偶然巧合。也有中国年号而日本早着先鞭者，如永历，日本二条天皇在1160年用过，中国则为南明年号。

另一个有趣的话题是，天皇神圣的地位是如何确定的，天皇家真的是万世一系吗？战前天皇是神圣天尊，不容研究与讨论,战后情况完全变了。李寅生认为,从第十代崇神天皇开始,考古学方能确认其存在,此前都是神话,日本称神代的历史。从十五代应神天皇开始,可信度才有所增加。第一代是神武天皇,据说平定了以奈良为中心的大和国,《日本书纪》称他为神日本盘余彦,在位七十六年,活到一百二十七岁。他以后各代,也都超级长寿,不能不引起后人的怀疑。近人或怀疑他是朝鲜人,或怀疑他就是秦时东渡求仙药的徐福,都无法确认。既然是神代,何必较真呢?

天皇的早期传承,充满暴力与虐杀。最暴虐的是少年即位的第二十五代武烈天皇(498—507在位),他本人是十五代仁德天皇子孙互相残杀后的唯一子遗,他的暴虐更使此一系天皇血脉中绝。他死后,权臣只能从第十四代仲哀天皇的息胤中寻找继位者。武烈因此有日本桀纣的恶名。

日本历史上曾有八位女皇,但与英国不同,从来不曾因为女皇在位而导致皇位落到外孙家的情况。比如孝谦天皇,她是圣武天皇的唯一女儿,二十岁立为皇太子,三十二岁继承皇位,九年后以要照顾母亲的名义退位,旁系大炊王即位为淳仁天皇。五年后她废除淳仁天皇,复辟改称称德天皇。称德未婚无子,去世后群臣拥立六十二岁的白壁王继位,是为光仁天皇。奈良时期天皇家持续恶斗,从天武一系重新回到天智一系,完成大回环。

日本天皇家的另一次危机,发生在1336—1392年间,史称南北朝，各自拥立天皇。缘起因镰仓幕府覆亡，后醍醐天皇倡王政复古，史称建武新政，引起权臣足利尊的不满，迫使后醍醐退位，另立他系天皇。后醍醐不甘失败，挟象征天皇权位的三大神器逃往吉野（在今奈良），建立南朝。南北之争绵历近六十年，方将神器归还北朝。南北谁为正统，向有争论，到明治天皇方作结论，以南朝为正统，北朝承认名号和世次。

从平安时代以后，天皇逐渐沦为国家象征，实权更多掌握在权臣、幕府手中。幕府更迭，因而有镰仓、室町、江户等时代的不同，天皇这一家长期处于尊贵然而大权旁落者的位置。明末大量中国遗民逃亡日本，学申包胥求兵海外的目的没有实现，将程朱理学尊王复古的学说带到日本，成为日本近代大政归还的理论基础。从明治到前期的昭和天皇，是政事的实际掌控者。战后美国为日本确认新宪法，天皇回到人间，重新成为国家的象征而不掌实权。

李寅生教授此著内容极其丰富，是了解日本天皇制变迁和年号故事的便捷读物。我相信他曾参考数量巨大的日本学者之研究，是我的推测。日本学者治学向以认真而崇尚理性、方法科学著称。中国二十四史研究最彻底的一篇，肯定是日人研读之《三国志·魏书·倭人传》，三千字传文，研究专著即不下百种。对本国史，他们用力更勤，这是我们可以想见的。

美国的补丁

    1940年春,罗斯福总统执政已经八年,大萧条以后的美国经济已经得到很大改善,美国人民尝到了新政的好处。另一方面,战火漫延欧洲,希特勒纳粹势头正盛。美国虽然一再表述不参战的立场,但任何人都能感到世界大战迫近美国的恐慌。四年一度的大选又开始了。从开国总统华盛顿开始,一人做两任已经成为惯例,无论罗斯福民主党内的同僚,还是对立的共和党,都认为罗斯福任期已满,应该有新人出现了,但罗斯福就是不表态。后来人分析,罗斯福想结束总统生涯,安居乡间,撰写回忆录,新政的成就足以奠定他的历史地位。他希望休息,毕竟他残疾的身体已经消耗太多了。另一方面,他也想巩固新政,改造民主党,另外,世界大战虽提供了美国提升未来全球地位的良机,但稍有不慎,也有倾覆的可能。民主党内的主流希望他连任,共和党更拿出历史惯例来说事。但罗斯福就是不表态,一是他下不了决心,再是他知道轻易表态会引来无数反对之声。

    直到芝加哥民主党全国代表大会举行,他没有去,但党内的亲信制造了一系列舆论,让他顺利获得提名,得到十分之九的选票,他才通过电话向大会发表电话讲话:"由于一种压倒一切的国际危险,所有的私人计划,所有的私人生活,从某种意义上说,都已经被置之度外。在国家面临危险的情况下,所有能够为共和国效劳的人都没有别的选择,只能为国尽力而为。""我的良心不允许我拒绝要我为国效劳的请求。"

这时所有人方发现,第三任并不违反宪法,罗斯福以449对82选举人票大胜。失败的威尔基也很有气度,此后曾作为罗斯福的特使,访问战时的重庆。

1944年再度大选,已经没有人怀疑罗斯福连任,但油枯灯将灭的罗也自知将不久于人世。"我真不想再竞选了。"这是年初的表态。"我内心的一切都在呼唤我回到赫德森河畔的家乡。"但欧洲在决战的最后关头,大局未定,他只能保证,如果人民下令,仍会如军人般效劳。副总统选举竞争激烈,最后出线的杜鲁门对此兴味索然,仅在罗丢下狠话后就范。美国的副总统就是储君,备位而不参与机密。罗在第四任不足三个月就去世,从未进过作战地图室的杜鲁门接任后,出色完成了欧洲完胜、成立联合国、迫日本投降以及世界战后重建等事务,在1948年连任成功,并在1951年批准第22项宪法修正案,规定美国将来每任总统任期最多两届,坐实了约定俗成的规定。据说政绩出色的里根总统,对此颇有烦言,但也无可奈何。

因为肯尼迪遇刺而侥幸继位的约翰逊总统,任内签署第25项宪法修正案,规定在副总统无法履行职责时,其补任须经国会批准,履行具体的法定程序。美国总统真是危险度很高的职业,到奥巴马为止的四十四任总统,遇刺身亡的有 1865 年林肯、1881 年加菲尔德、1901 年麦金利、1963 年肯尼迪,病故有 1841 年的哈里森、1850 年泰勒、1923 年哈丁、1945 年罗斯福,任上去世者多达八位。约翰逊之修法,完善了副总统补位的程序。他的工作不久就显示了必要性。尼克松总统的第二任搭档阿格纽,涉嫌收受回扣,不得不辞职,继位的福特严格履行了补位的程序,得到合法的认可,次年在尼克松因水门事件辞职后,正当继任。

读了十几种美国总统传记,以及网罗所有细节的《美国总统全书》(美·德格雷戈里奥著,周凯等译,社会科学文献出版社 2007 年),最感慨的是罗斯福承担的勇气和内心的挣扎,以及杜鲁门截断的果决。如果罗斯福顾忌清誉而退让,世界真可能是另一番面目。如果一个人可以无限期地执政,显然也不符合美国的建国精神。

美国宪法成稿于 1787 年,两年后生效,选出首任总统,执行中方发现多有未精密处,华盛顿任内一下子修正了 10 条。其后 200 多年,方陆续修正 17 条。宪法不断加补丁,使其更精密完善,是美国稳定的关键。

美国总统的病历

　　是人就要吃五谷杂粮，就要生病，即便贵为美国总统也不能例外。最近民主党总统候选人希拉里的病情引起广泛关注，着急的是党内大佬，局外人则大可静以观变，连大嘴对手都祝她早日恢复健康，我们就不必瞎操心了。

　　现在的奥巴马是第 44 任美国总统，因为克利夫兰曾两次就任，两百多年间曾膺此殊荣者至今只有 43 人。就现在资料看，多少都有过疾患，但有四位确实因为生病死在任期内。

　　第一位是哈里森，1841 年，经过艰难的选战当选前，并没有明显的病况，但碰到神一样的助手，为他起草了超长的就职演说。典礼在室外举行，偏巧碰到奇冷的天气，他又坚持不穿外套，不戴帽子和手套，在寒风中讲了一小时四十分钟，讲完继续在外散步，偏又碰到泼盆大雨，淋个透湿，就职完就病倒了，医生诊断为胆汁性胸膜炎，就任仅一个月就去世了。可怜的哈里森！

　　第二位是扎卡里·泰勒。在任一年，1850 年 7 月 4 日参加建设中的华盛顿纪念碑室外庆祝活动，在炎热中坐着听了两个小时爱国演说，完事后又在烈日下散步，回到白宫后又渴又饿，于是吃了一碗樱桃和一罐冰牛奶,立即引起腹部痉挛,医生诊断为霍乱,开了药,次日稍有恢复,但很快就腹泻、呕吐不止,到9日就撒手归西了。当时卫生条件不佳,夏日生吃水果、鲜奶很易得病,是否医生判断错误,乱投药导致恶果,因为总统夫人拒绝尸检,终成悬案。一冷一热,夺去两位总统,真感意外。

第三位是哈丁,在任第三年,1923年8月2日病逝于旧金山皇家饭店。他本来患有高血压和心脏肥大症,为了获得民众对他施政的理解,从6月起横贯全国作谅解旅行,公开露面数十次,弄得精疲力竭。到7月27日感到剧烈的腹痛,医生判断是轻度食物中毒。于是放弃原计划,到旧金山休息。但两天后病情发展为急性肺炎,用药后高烧退了,随即死于中风。七年后有位名誉不佳的作者出版《哈丁总统的奇怪死亡》,认为是哈丁夫人毒死了丈夫,原因是恨其不忠,但并无实据。

第四位就是著名的富兰克林·罗斯福总统。他年轻时体格健壮,样貌英俊。直到1921年将近四十岁时,方罹患脊髓灰质炎(俗称小儿麻痹症),导致下肢瘫痪。最初是带全家在加拿大旅行,快乐地泛舟钓鱼,在海湾里洗澡,步行回住处后,没换下湿裤子就处理邮件,晚间觉得阵阵发冷,两天后双腿就不能动弹了。医生确诊病情,他经过严格锻炼,尽管下肢萎缩,只能终生与轮椅为伴,但他腰部以上肌肉发达,上半身依然强壮而健康。他四次当选总统,在推行新政和应对世界大战中,引领美国度过惊涛骇浪。他在六十岁以后罹患高血压与动脉硬化症,1945年4月12日,因脑溢血死于佐治亚州温泉,时距欧战结束不到一个月。后人曾分析他可能已患癌症,也有人认为他在40年代初曾割除左太阳穴的恶性肿瘤,大约也不属意外。今人从雅尔塔会议期间留下的大量高清影像中,可以很清楚地看到他当时确已病入膏肓了。

此外,在职而患有重病的还大有人在。林肯右脸颊有疣,右眼有伤疤,大拇指曾经斧头砍伤。更糟糕的是,他患有遗传的马凡氏综合症,骨骼生长和心脏功能都不好,以致双臂与双腿过长,与躯干不成比例,胸部塌陷,经常感到疲倦、头痛和手脚发凉,左脚常会无意识地颤抖,医生认为是机能紊乱所致,甚至认为他若不被刺杀,也会因心脏病而不久于人世。

再说半个世纪以来的几位。约翰逊曾患严重心脏病,但休养后奇迹般地得到康复,至退休后方连续发作,最终因此去世。里根早年拍电影时碰到猪样对手,在他脑袋边放枪,从此患上重听症,当总统后大多时间都倚赖助听器。1947年,他曾因病毒性肺炎几乎送命。担任总统后,除遇上花痴辛克利送他一枪,还得过花粉热和肠室病,又几度因为结肠癌施行外科手术。他最后得享高寿,实在是命大。老布什在二战间是飞行员,战斗英雄,曾数度遇险,这段光荣的经历也带给他听力不好的残疾。他患有严重的免疫系统功能紊乱症,以致讲话不清,只能放慢语速来纠正。克林顿是左撇子,过敏体质,长期患有喉炎,每天要喝大量的水,按时服用药物。前几年心脏出了问题,加上饮食习惯不好,可以看到衰老得很快。

那么,美国历任总统最健康的是谁呢,这就无法比较了。可以认为如尼克松、福特、卡特、小布什以及当今的奥巴马,都可算健康。一定要推优,只能比命长,可以肯定的是,在位政绩不算上佳的卡特,在前几年已经创造了美国总统卸任后存活时间最长的记录,至今已经 35 年。以前是胡佛,去职后活了 31 年。卡特喜欢种棉花,做木匠,偶然也为世界和平到各处走走,心态好是他长寿的保障。其实他是有残疾的,一只手指早年在轧棉机事故中受伤,无法伸直。

后　记

　　2016 年春间,《文汇报》退休资深编辑施宣圆先生与《文汇读书周报》编辑薛伟平先生来找我,希望我在《周报》开一专栏,主要谈文史掌故与读书感受。以前我从来没有这样的经历,也不知能否胜任。施先生比我年长许多,1992 年拙著《全唐诗补编》出版,他不仅在自己主持的《文汇报·学林》给予介绍,还为台湾期刊撰文披述。我欠了他的人情,他托我做事,我也不好意思推托,只好答应试试看。专栏的题目拟为《濠上漫与》,前二字取自《庄子》,恰好我出生及成长的南通环城河即称濠河,后二字据杜诗。说好从七月开始,我在六月初写了五六篇,第一篇《濠上的风景》是开篇词,在 7 月 4 日刊出,不料当天即获悉施先生 2 日晚因病去世,很感意外。施先生为上海学术贡献甚大,我也受惠如上,他的委托对我来说,更显得特别而沉重。倏忽已近三年,写了五十多篇,内容与文风都与做学术很不一样,每有才尽之感,因为上述的原因,一直竭蹶支撑至今。当然,自己也有许多意外的收获。

　　本次结集,以内容所涉时代的先后为序。域外仅写三篇,收在最后。增收了几篇专栏以外,但内容与风格近似的文字,具体是:《我的神明书架》(原刊《南方周末》2013 年 8 月 15 日)、《寂寞使学术更加庄严》(原刊《中华读书报》2015 年 12 月 23 日)、《章太炎先生的最后五年》(原刊《文汇学人》2017 年 11 月 3 日)、《最后的雅集 不朽的完人——张元济先生的朋友圈和人生志业》(原刊《文汇读书周报》2017 年 10 月 9 日)。谨此说明。

三年来,薛伟平先生一直担任拙文的责任编辑,为我复核引文,匡正误失,虽然很少见面,但彼此信任,交流愉快,也应在此表示感铭。

承中华书局上海公司贾雪飞女士雅意,这些文章有机会结集成编,与读者见面。郭时羽女士担任责任编辑,仔细阅读全书,推敲文字,颇多匡订。我在南通市第二初级中学(今启秀中学)的同班同学张伟臣先生为本书题签,可为长久纪念。在此谨一并表示感谢。

陈尚君

2019 年 4 月 29 日